都市の記憶を失う前に

建築保存 待ったなし！

後藤 治
＋オフィスビル総合研究所
「歴史的建造物保存の財源確保に関する提言」
プロジェクト

白揚社新書

オフィスビル総合研究所「歴史的建造物保存の財源確保に関する提言」プロジェクト・メンバー

小澤英明［おざわ・ひであき］＝弁護士、西村あさひ法律事務所
後藤　治［ごとう・おさむ］＝建築史家、工学院大学教授
田原幸夫［たはら・ゆきお］＝建築家、DOCOMOMO/Japan 幹事
本田広昭［ほんだ・ひろあき］＝株式会社オフィスビル総合研究所 代表取締役
山本　忠［やまもと・ただし］＝財団法人日本不動産研究所理事 研究部長

はじめに――木の文化と石の文化

我が国の歴史的建築物の保存と継承はうまく行われているのだろうか。

世界遺産に登録された法隆寺や姫路城などの建物を想像して、結構残っていて世界に誇れるのではないか、と答える人もいるだろう。ところが、都市部に目を転じると、お寺や神社、お城といった一部の建物を除けば、多くが建て替わってしまっている。歴史につつまれた美しいヨーロッパの都市と比較して、「日本はヒドイ」、と眉をひそめてしまう方も多いはずだ。

どうして、こうなってしまったのだろうか。この状況は、変えられるのだろうか。それを考えてみようというのが、本書のねらいである。

ところで、日本とヨーロッパの都市に違いがある理由として、よく引き合いに出されるものに、「木と石の違い」という、建物の素材に注目した文化論がある。

日本は、木を使った木造建築の国であるのに対し、ヨーロッパは、石を使った石造建築の国である。木は、腐ったり燃えたりして失われてしまうが、石は永遠である。これが、建物の寿命や継承に対する意識の違いを生み、ひいては歴史的建築物の存否や町の風景の違いになる。文化論は、ざっとこんな具合に展開される。

聴くと思わず納得してしまいそうだが、この文化論は明らかに誤りである。なぜなら、美しいヨーロッパの町は、石でできているとは限らないからだ。さらにいえば、ほとんど木造の建物でできている美しい町もかなりある。つまり、石の建物だから残っているわけではない。また、法隆寺は特別としても、多くの神社仏閣や城郭の建物をみればわかるように、日本にも古い木造建築は多数残されている。

ドイツ・ゴスラー市の木造の町並

木と石の文化論者のなかには、二〇年ごとに建て替えを行っている伊勢神宮の例を持ち出して、「日本の木の文化は、建物が壊れたり失われたりすることを前提にしていて、永続的な建物を志向していない」という論を展開する人もいる。これももっともらしいが、やはりでたらめである。

例えば、「小江戸」で知られる埼玉県川越市に多数残る土蔵造の町家をみてほしい。川越の町

伊勢神宮内宮（建築学会「日本建築史参考図集」1932）

川越の土蔵造の町並

幕末の小田原の町並（横浜開港資料館「F・ベアト幕末日本写真集」1987）

1919年東京の川沿いの町並（Present-Day Impressions of Japan 1919 by Morton-Cameron, W. H.（*Globe Encyclopedia*, Chicago, 1919））

には、明治二六年（一八九三）の大規模な都市火災の後に、土蔵造の建物が普及したことが知られている。建物が土蔵造となったのは、再び火事にあっても建物が燃えずに長持ちすることを目指したからである。つまり、多くの人々は、建物の永続性を志向し、火災に強いまちづくりを願っていたのである。

そもそも伊勢神宮は、特殊なことをやっているからこそ信仰の対象になるのだ。伊勢神宮で行われていることが国中でみられる一般的な事柄だったらどうだろう。伊勢神宮の例を持ち出し、それを一般化して文化論を展開するのは、論理矛盾である。

ここまで言っても納得できない人がいるかもしれない。そういう人には、明治期から昭和初期頃に撮影された日本の町並の古写真を、よくみてもらいたい。それが、たいへん美しく、ヨーロッパの町並にも匹敵するものだったことに気付くはずだ。実際に、幕末から明治期に日本にやってきた外国人達は、日本の町（町に限らず風景全体）の美しさを讃えて、それを世界に伝えている。

日本が、町の美しい風景を失ってしまったのは、近代に入ってからのことなのである。つまり、この一〇〇年、長く見積もっても、一五〇年ほどの間に、日本の美しさは失われてしまったことになる。

1919年東京の商業地区（前出Morton-Cameron, W. H.）

1919年東京日本橋（前出Morton-Cameron, W.H.）

日本の近代には何がなされ、何が町の風景の美しさをうばってしまったのか。その答えはいろいろと考えられるだろうが、本書ではとくに三つの答えを用意した。それは、「国土の高度・効率的利用」、「防災・安全への対策」、「文化財保護法の失敗」である。

近年は、町の美しい風景を国民的な財産として位置付ける景観法が制定されたり、首相が「美しい国づくり」を唱えたりするなど、日本でも美しい町に住みたい、美しい町の風景を取り戻したいという人々の意識が高まってきているように思える。また、東京都の品川区にあった正田邸や千代田区にあった三信ビルの取り壊しに対して、各所から保存の声が上がるなど、都市部の歴史的建築物を保存継承していくことについても、人々の関心は低くない。人々の意識や関心の高まりにもかかわらず、次々に都市部の歴史的建築物が失われてゆきつつある現状を、どうにか打開したい。

それをどうするかを考える前に、一歩立ち止まって、美しさを失わせている原因を探ってみることが必要だろう。効果的な対策を講じるためには、原因を分析し、それを取り除いたり、それに上手く対処したりする方法を見つけることが、むしろ近道となることが多いからである。このため本書では、「国土の高度・効率的利用」、「防災・安全への対策」、「文化財保護法の失敗」という三つの原因に対して、効果的に対処するためのいくつかの方法を、最後に提案してみようと

日比谷の三信ビル（2007年取り壊し）

思う。

本書の筆者の一人である後藤は、平成一一年まで文化庁で国の文化財保護行政に携わり、その後、大学に職を得て研究する機会を得た。行政時代の経験と大学での研究によって、アメリカ並びにヨーロッパのイギリス、フランス、ドイツの各国について、歴史的建築物や美しい町並の保存継承を図るための諸制度とその運用がどのようになっているのかについて、概略を知ることができた。このため本書では、適宜これらの国々の仕組みを参考にしながら話を進めていこうと思う。文中でいちいち国名を挙げているとわずらわしいので、本書で「欧米諸国」と記した場合には、これらの国々を指していると考えていただきたい。

本書が、建築や都市計画、文化財保護の関係者といった少数の専門家に限らず、歴史的建築物や美しい町の風景の保存継承に関心をもつ多くの方々に読んでいただければ幸いである。

目次

I　国土の高度・効率的利用と建築物の活用保存

II　防災・安全への対策と建築物の活用保存

III　文化財保護法の失敗

コラム① 保存の価値と所有者リスク

「美しさ・歴史性・文化的建築的価値」を頼りに、保存の価値が値踏みされてゆく。置き去りにされるのは、建物の安全性や老朽化による維持費増大のいわば所有者リスクである。さらに、不動産価値は、稼ぎ出すキャッシュフローで決まる時代を迎えた以上、容積率アップの恩恵を得ながら、競争力の高い建築物を手に入れるための建て替えを止める手立ては見当たらない。歴史の継承を担う我々は、この現実から目をそらさず、官民力を合わせて解決を図る責任がある。

ヨーロッパの都市が何百年もの歴史を継承できるのはどうしてなのか？　ヨーロッパの人々は歴史と景観を大事にする民族で、日本人は違うのか。などと、どうしようもないもどかしさのあまり、解決に背を向けた次元の低い議論に戻ってしまう。ノスタルジーだけで保存を主張するのも同様で、もうそろそろ虚しい会話はやめにして、日本の現実を踏まえた実現可能な手法を構築すべきである。

では、虚しい議論の先にあるべき、実現可能なポイントはどのような点であろうか。(a)地震国における建物の安全性確保問題、(b)老朽化による保全、補修、維持費増大の問題、(c)敷地に与えられた容積実現への不利益問題、である。

おおよそ、ヨーロッパにおける歴史的建造物が連なる都市が実現している要因は、その景観維持のための外観保存規制に尽きるのではないか。ロンドンでは、外観を残し、内部に新しい建築を組み込むという饅頭の皮方式と呼ばれる荒業もある。フランスのルーブル美術館は、一一九〇年主塔と要塞を建設、一五六四年王宮に改装、一七九一年美術館が開設、一八七一年大蔵省のオフィスが併設され、一九八一年全館が美術館として使用されて現在の姿となった。我が国にも数百年に及ぶ歴史的な建造物は多いが、用途が変わった例はあまり聞かないのは、違う用途で使用する発想がないことと、建材や建築技法のせいかもしれない。いずれにしても、コンバージョンによってその使命を全うしながら継承される仕組みの存在は大きい。

連続する歴史的景観価値そのものが不動産価値ともいえるヨーロッパの都市では、容積実現への不利益問題がそもそも論点になり得ていない。そこで、(c)が消えることになり、そもそも地震がない国では(a)も消え、(b)はコンバージョン発想でクリアしてしまっているのではないだろうか。このように、ヨーロッパの都市景観保存の論理を日本の都市部の歴史的建造物に適用することがいかに難しいかがわかる。つまり、日本独自の仕組みを必要としているのである。地震対策の(a)は、免震費用の公的な補助制度の整備が早急に望まれる。(b)のコンバージョンは日本でも最近緒に就いたばかりの言葉だが、建築物を社会資本（ストック）として活用継続してゆく機運は高まってきた。オフィスや駅・ホテルなど最新機能を要する現役施設は、外観保存を主眼に置くことで、建物内部の機能更新をしながらのヨーロッパ的な継承法は可能かもしれない。当然、価値のある内部空間は残されるだろうし、新たな内装でも外観と調和の取れたインテリアになるはずだ。そこで(c)が最大の課題として残るわけだが、すでに活用されはじめた容積移転の手法をもっと新しい発想で運用できないものか。未利用容積の売却などで、その不利益をリカバリーする選択肢が増える効果は絶大なものとなるはずである。たとえば〝余剰容積の小口化による里親制度〟が存在していたならば、赤レンガの東京駅保存のための余剰容積の里親として百万円分くらい購入したかもしれない。

［本田広昭］

Ⅰ　国土の高度・効率的利用と建築物の活用保存

(1)狭い土地と高い人口密度

もう何十年も前、筆者が小学校低学年の頃のことである。学校でよく「日本は世界の何番目」と教わった。鉄鋼の生産は世界○位、造船は○位といった具合だ。そして、世界一位またはそれに近づくことが、とにかく日本の目標とされていた。

そのなかで、世界の高位にありながら、珍しく良くないこととして教わったものがある。それは人口密度の高さである。日本は、世界の先進国のなかで、オランダと並び人口密度の高い国だと教わったことを記憶している。その時点で日本は人口増加傾向にあり、人口が増えないことこそ真の先進国の証しであり、食料難や居住空間の限界といった関係から、人口を増やさないことが良いことで目標とすべき、とも教わった。少子化、高齢化による人口減の危機がさけばれている現在からみれば、隔世の感がある。

人口の問題はともかくとして、日本はそれぐらい、狭い国土に、大勢の人間がひしめきあって暮らす国だったわけである。これに都市部への人口集中という現象も加わっていたので、東京をはじめとする都市圏では、とくに劣悪な居住環境も問題となっていた。このため、日本の都市住宅が、外国から「ウサギ小屋」と揶揄されたこともあった。

近代の日本、とくに都市部においては、この状況を克服するため、狭い国土を高度で効率的に利用することが不可欠の命題とされていた。そこで、「国土の高度・効率的利用」の実現に向けて官民をあげての取り組みが行われたのである。例えば、様々な法令の制定・改正がなされ、「国土の高度・効率的利用」を目的とする各種の事業に対して、補助金の支給や低利融資等の公的資金の導入、税制優遇等の措置もとられるようになった。開発が進む都市部においては、この状況が、現在も続いている。

この結果、都市部を中心に、各地の建物は、木造の低層建物から、鉄やコンクリートでできた中高層の建物へと変化した。今日では、日本全国、都心部から郊外地にいたるまで、中高層の建物がバラバラにまとまりなく建っている風景が、普通にみられるようになっている。町の風景は美しくないかもしれないが、ウサギ小屋と呼ばれた住宅問題は、先輩達の努力によって、相当に改善されているのではないだろうか。

⑵低層、非効率的な歴史的建築物

都市部における歴史的建築物の破壊と減少は、こうした建物の中高層化と裏腹の関係で、生じているといってよい。なぜなら、歴史的建築物は、低層で非効率な建物だからである。身も蓋もない言い方になるが、これは事実である。

例えば、江戸時代以前に都市住宅の主役だった木造の町家は、ほとんどが平家か二階建てである。三階建てはきわめて珍しい。これは、江戸時代の法律で、庶民が三階建て以上を建てることを禁止していたことによる影響が大きい。明治以降の近代になると、そうした規制はなくなるので、三階建ての木造建築も登場してくるが、それでもさほど高い建物はつくられなかった。なぜなら、木という材料は、長さや太さに限界があるので、中高層の建物をつくるのに木造は必ずしも向いていないからである。木造で比較的に高く建物をつくるヨーロッパの町並でも、せいぜい四階か五階建て止まりである。

近代には、煉瓦、鉄、コンクリートといった、木以外の建築材料が使われるようになった。そして、二〇世紀に入る頃には、それらの新材料を使って、都市部では中層の建物がつくられるようになった。アメリカでは、既に二〇世紀の初頭には高層建築が建てられている。

ちなみに、日本ではその頃六階建ぐらいまでの建物が、ようやく都市部でつくられるようになったところであった。現在、その頃建てられたものが、老朽化等によって次々と取り壊されていくなか、一部の建物については、歴史的な価値ある文化財として保存される対象になってきている。東京都中央区日本橋にある三井本館や千代田区丸の内にある明治生命館は、その例である。また、取り壊されてしまった建物のなかにも、市民から保存すべきという要望の声があがったものも多い。日比谷の三信ビルは、その例である。

珍しい木造３階建ての建物
（奈良県大和郡山市）

保存の対象となった建物は、規模も大きく、立派そうで、現在でも十分使えそうにみえる。けれども、それらですらお世辞にも効率的な建物とは言い難い。

歴史的建築物の多くは、新築の建物と比較すると、設備や外壁の老朽化等によって維持管理のために多額の費用が必要になる。まずこの点で、歴史的建築物は非効率的な存在とみなされる。さらに、歴史的建築物は、建物のつくり方も非効率的である。例えば、平面をみると、大きく中庭をとったような形のものが多い。三井本館や明治生命

明治生命館

三井本館

館もそうなっている。これは、照明や空調設備が整っていない時代に、採光や通風を確保しようとしたためなのだが、現代からみると、限られた土地を有効に使っていないことになる。また、歴史的建築物の室内は、天井が高く、柱が多数立っていることがよくあるが、これも現代からみると、空調効率が悪く、柱が邪魔で使いにくいという評価になる。

⑶保存できないのは「規制」のせい?

歴史的な価値があるとはいえ、昔通りの姿・形のままでは、近代的な設備もなく、現代的な利用には向かない。このため、歴史的建築物を使い続けるためには、各部を改良して、近代的な設備等を新たに付加する必要がある。現代の技術をもってすれば、非効率的な歴史的建築物を、効率的な形にリニューアルすることは、十分に可能である。

欧米諸国に行くと、建物の古い外観を残しながら、内部を美しくリニューアルした歴史的建築物をよく見かける。むしろそれが普通である。その状況をみて、日本で歴史的建築物の保存が上手くできないのは、「日本では規制が厳しく、欧米諸国のようなリニューアルが認められないからだ」という人もいる。

果たしてこれは本当だろうか。様々な規制が存在することは事実だが、これも答えは否である。

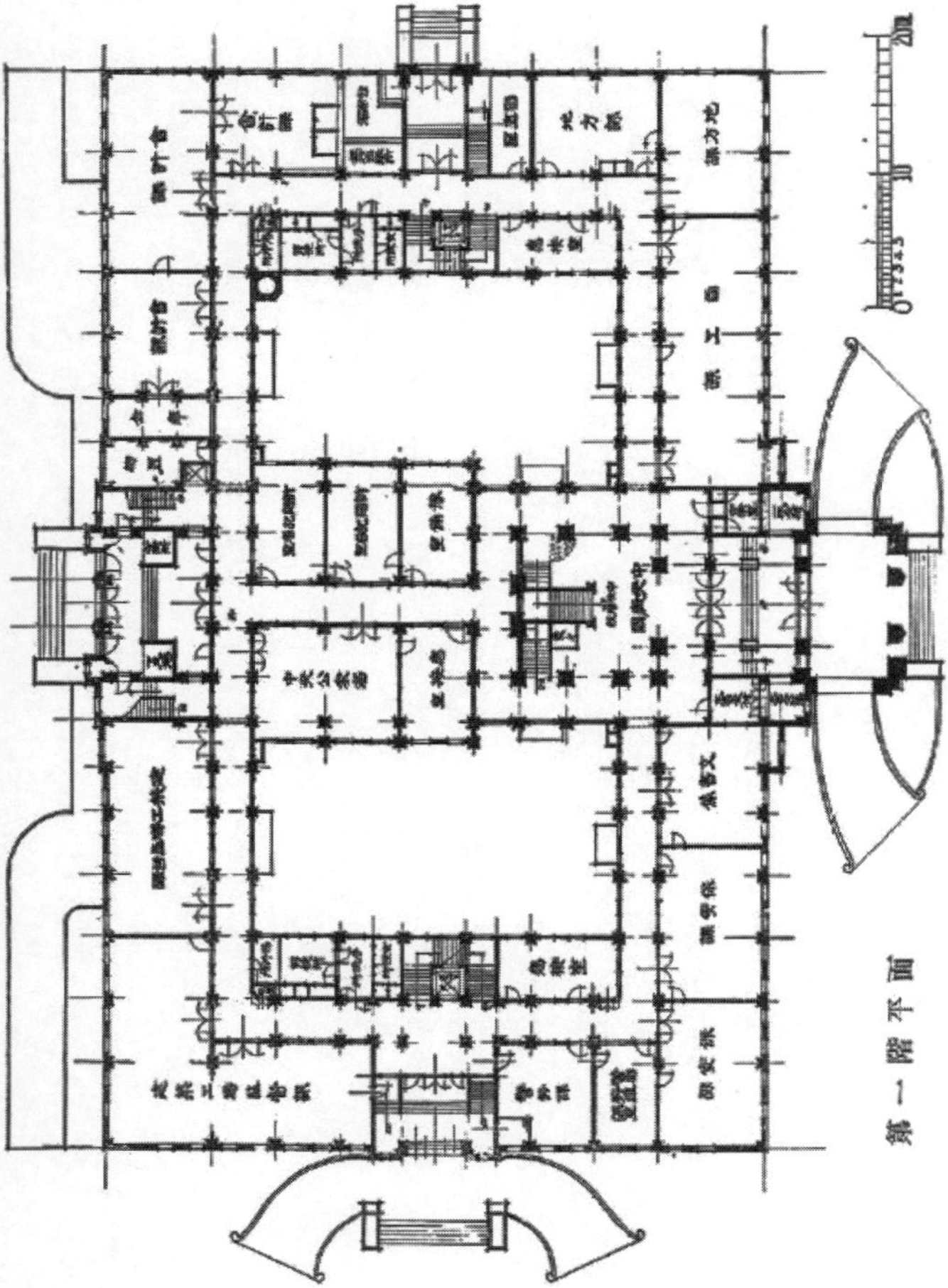

神奈川県庁平面図

細かい説明は省くが、日本でも規制を受けながら上手くリニューアルして、使いながら残している歴史的建築物は、少なからず存在する。また、日本の歴史的建築物に対する規制が、欧米諸国のそれより厳しいということもない。むしろ、欧米諸国における規制は、日本のそれよりもずっと厳しいことの方が多い。日本の規制が厳しいのは、歴史的建築物を保存することに対する規制ではなく、むしろ第Ⅱ章でとりあげる建築の安全に対する規制である。

筆者の経験からいえば、そもそも日本では、保存したいという人よりも、保存することに最初から後ろ向きの人の方が圧倒的に多い。もし仮に、保存する意志がありながら保存をあきらめたという人がいたとしても、あきらめた理由の第一に、保存のための規制の厳しさをあげる人は、少ないのではないかと思う。むしろ、規制の有無よりも、保存することに対する支援措置が十分ではないのであきらめたということの方が圧倒的に多いはずだ。本当に日本の規制の厳しさを知っている人がいるとすれば、それはむしろ保存を実現し、建物の安全に対する規制への対応を経験した人だ。

保存に対する支援については、歴史的建築物に対する規制と密接な関係があり、それはさらに歴史的建築物の保存に対する国の法律や政策とも関係するのだが、それについては第Ⅲ章で詳しく説明することにしたい。とにもかくにも、保存できていないことを「規制」のせいにするのは、事情をよく知らない人の単なる印象論に過ぎないか、または日本特有の規制に対するアレルギーのためではないかと考えられる。歴史的建築物に対する規制の見直しや緩和措置が不必要とは言わないが、それよりも、保存に前向きになれない人が、なぜそれほど多いのかを、もっと真剣に考える必要がある。

(4)歴史的建築物の保存がもたらす負担

それでは、日本において、歴史的建築物を保存継承することによって、所有者等にもたらされる規制以外の負担というものを考えてみよう。それは、経済的負担ということになる。保存継承に関わる制約を受けるのは、主に所有者であるが、所有者以外にも占有者や利用者が制約を受けることもあるし、近年は建物の所有が単独の所有者に限らない場合も増えているので、以下では所有者等と記しておく。

所有者等にもたらされる経済的負担には、まず、維持管理に対する費用負担やリニューアル工事費用の負担がある。これは主に、先にみた歴史的建築物の非効率性からくるものである。この費用負担を理由に、保存に後ろ向きになる人は多い。けれども、この費用負担については、日本だけに限られたことではなく、欧米の諸国でも同じはずである。

日本特有の経済的負担としては、第一に、土地に課される固定資産税・相続税といった資産に課される税負担がある。日本では、土地と建物に対する課税が別に行われており、土地の税額の方が建物のそれよりも圧倒的に高額である。そして、土地への課税額は、土地が所在する地域一帯の売買状況などによって決定されるので、地上の建物の規模にかかわらず原則として同じということになる。つまり、高層の建物がある土地も、低層の建物がある土地も、同じ場所であれば税額は同じである。この土地にかかる税負担は、地上に高層建物がある場合には、建物の所有者等を増加させることが可能になるので、所有する者どうしで土地を区分所有したり、利用者から賃料をとったりする形にすれば、一人あたりの税負担は軽減することができるという計算が成り立つ。これに対して、低層の歴史的建築物の場合には、区分所有や賃料収入といっても限界があるため、一人あたりの税負担はそれだけ重くなる。

次に第二の負担として、歴史的建築物は、低層で非効率的であるがゆえに、収益性が低いという問題がある。例えば、建物を賃貸する場合に、古い建物と新築の建物を比較すると、新しい建物の方が、高価格で賃貸できるからである。古い建物は、非効率的なので、それだけ賃料も安いというわけである。また、五、六階建てぐらいの中層の建物と高層の建物とを比較した場合、一般的に、高層建物の方が高収益を得られるとされている。なぜなら、対床面積当たりの建設費用

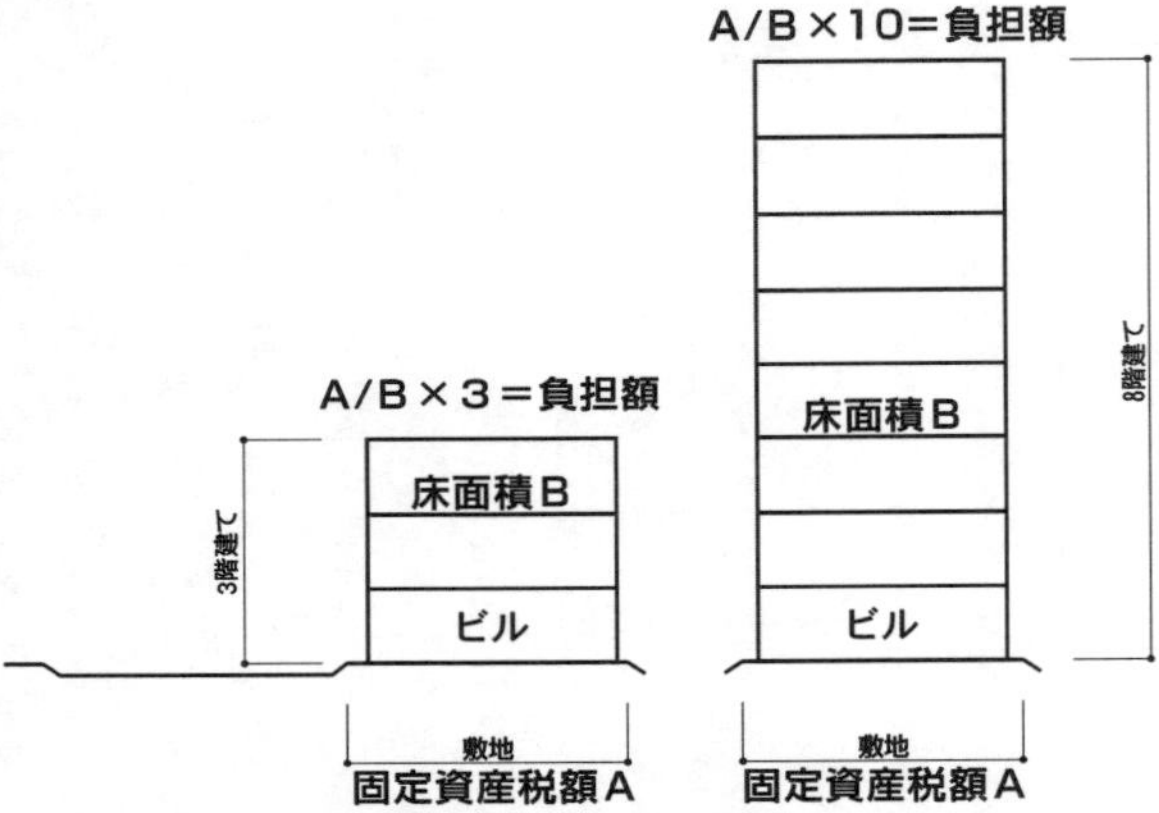

固定資産税の負担比較

の比率が、高層建物の方が低くなるからである。それに加え、現代は、安価で高層化できる建設技術が発達したり、新築であればＯＡ化にあわせたつくり方が容易であったりするなど、建物の高度化・効率化を進めるための技術革新が急速に進んでおり、古い建物との収益性の差がますます開いているからである。

こうした税負担や収益性の差に加えて、日本では、歴史的建築物を壊して新築の高層建物に建て替えたとしても、国土の高度・効率的利用を図ったものとして、国や地方公共団体が、政策的な支援や資金的な援助を行ってくれることすらあるのだ。つまり、歴史的建築物を保存するということは、経済的にみると相当に不利な行為なのである。

見方をかえれば、地上の建物の規模と無関係に土地の資産税額を決めているのも、低層建物がある土地の税負担を重くして高層建物への建て替えを促す、高度・効率化に向けた公的な政策誘導ともいえる。このような状況だから、日本では、所有者等が大事だと考えていたとしても、歴史的建築物を取り巻く状況は相当に厳しいものがあるといえる。歴史的建築物といえども、所有者等の気持ちが、建て替えによる高度・効率化へと動くのは、ごく当然のことなのである。

(5)企業と保存

それでもなお、歴史的建築物の破壊に対して、「効率の名のもとに、すべてを失くすことは良くない」と訴えるのは簡単である。けれども、本当に破壊を止めるのなら、所有者等に、これまで述べたような様々な負担を覚悟してもらわなければならないことになる。これは大変なことである。

このように書くと、個人の所有者の方に怒られてしまいそうだが、所有者が個人であれば、個人の意思決定になるから、覚悟して保存するという回答もあり得るかもしれない。ところが、これが会社組織になったらどうだろうか。実現はさらに困難になる。

会社の存立目的は、効率や営利の追求だけでなく公益性の保持も含む、という意見も最近聴かれるようになった。けれども、維持費や税の負担などによって収益上に寄与しないことが明らかなのに、歴史的建築物の保存という目的だけのために、建物を保存することが可能だろうか。ワンマン社長がいるような会社なら、社長の鶴の一声で、不利益覚悟で、保存が実現することもあるかもしれない。ところが、これが多数の株主をかかえる会社なら、経営陣にその気があっても、株主がそれを認めないという事態もでてこよう。不利益が明らかなのにそれを遂行することは、背任行為にもなりかねないのである。

こう考えると、会社の規模が大きくなればなるほど、負担への合意形成が難しく、保存は困難ということになる。大企業が歴史的建物を破壊すると、「大企業なら、社会や文化に対する貢献として、歴史的建築物の保存を率先して行うべきである」という意見を聴くことがよくある。たしかにその意見にも十分な理由がある。けれども、雇われ役員はとくに責任回避を志向するので、実態は大企業ほど保存を実現することが困難なのである。

⑹公共による保存の限界

企業が保存できないなら、公共が企業にかわって所有したらどうなるだろうか。

確かに、歴史的建築物の所有権を公共に移すというのは、保存を可能にするひとつの方法ではある。なぜなら、公共が所有する公共物は課税されないし、公共機関は収益性の確保を目的としないですむからである。

とはいえ、公共の所有になっても、維持費や工事費の負担は残る。また、本来所有者等が公共に納めていた税金が入らなくなるので、公共はそれだけ収入が減ることになる。さらに、公共が所有者等から土地や建物を買い上げたりすると、所有権の移転にも費用がかかることになる。公共は、こうした費用負担に対して、納税者である多くの人々の理解を得なければならない。このため、公共機関が保存する場合であっても、実行する担当者の相当の覚悟と多くの納税者の理解が必要になる。つまり、所有権を公共に移して保存するのも、それほど簡単なことではないのである。

また、現実的に考えてみても、歴史的建築物をすべて公共物とするのは困難である。例えば、美しい町の風景を構成するすべての建物が、公共の所有だったら、ちょっとぞっとしてしまうのではないだろうか。公共の力だけでは、わずかな数の建物の保存はできても、多くの歴史的建築物を残すことは不可能である。まして、美しい町の風景を残すことなど絶対にできないのである。

そこで一般的には、歴史的建築物や美しい町の風景を残していくためには、所有権を公共に移すのではなく、所有者等が自ら保存を行うことを原則とする仕組みが必要ということになる。実際に、歴史的建築物や美しい町の風景を保存継承することに関わる欧米諸国の法律や制度は、いずれも公共による保存よりも、所有者等が自ら保存できることを重視している。

(7)高度・効率化のための開発権と保存

所有者等による保存を成功させるためには、保存によって所有者等に生じる経済的負担を、どの程度軽減できるのかが最大の問題になる。日本のように、国土の高度・効率的な利用が必要とされているところでは、所有者等に対して、税の負担、収益性の低下といった問題についても措置を講じる必要があることになる。

実際に、日本では歴史的建築物の保存にともなう税の負担については、固定資産税と相続税に対する軽減措置がとられている。このうち所有者等の最も負担となっている土地の固定資産税に関しては、国が指定する国宝・重要文化財、史跡・名勝などの建物の敷地について非課税、国が選定する重要文化的景観の地区内にある一定の建物や国が登録した記念物の建物の敷地についての軽減措置（評価額を二分の一とする）がとられている。けれども、この対象となる建物はごく少数に過ぎず、多くの歴史的建築物に十分な配慮がなされているとは言い難い。

本来、固定資産税は市町村税なので、国の関与がなくても、市町村の手によって独自に軽減することが可能なはずである。けれども、歴史的建築物が所在する土地に対して独自の軽減措置をとっている市町村は非常に少ない。これは、軽減措置によって、自らの収入が減ることを嫌うためである。

建物とその敷地に認められている相続税の軽減措置（評価額の特例）については、国が指定する国宝・重要文化財等以外に、国が文化財として登録する歴史的建築物（第Ⅲ章で詳述する）もその対象となる形で、比較的に広範囲で多数のものについて措置が認められている。しかしながら、この特例措置についても、所有者等からは不十分との声が多い。

そこで、収益性の低下についても、東京都をはじめとする一部の地方公共団体では、都市計画上の措置等によって、それに配慮した措置がとられている。この措置については、本章の最後に詳しく紹介するが、これも非常に限定的にしか運用されておらず、問題を多数抱えており、十分なものとはいえない。

このような状況なので、日本において歴史的建築物が次々に壊されてしまうのは、やむを得ないこととといえる。とはいえ、やむを得ないといってあきらめてばかりはいられない。

それでは、欧米諸国において、歴史的建築物の破壊を止めるための措置は、法律でどのように扱われているのだろうか。各国の法律では、歴史的建築物の破壊を防ぐため、所有者等に国や地方公共団体といった公共機関が規制を課し、歴史的建築物の保存を強制的に義務付けることができる形になっている。同時に、この法律による強制及び義務によって所有者等に損失が生じた場合には、その損失を公共側が補償することも定められている。最終的には、この公共からの補償措置によって、所有者等が保存をすることができる形となるのである。

ちなみに、日本でも、国が指定する国宝・重要文化財といった建物については、同様の規定が法律で定められている。

それでは、日本のように国土の高度・効率化が必要なところにおいて、所有者等が低層の歴史的建築物を壊して高層建物に建て替えることを計画したとしたら、どうなるだろうか。仮に、法によって保存が義務付けられ、建て替えが許可されなかったら、所有者等は高度・効率化による収益の向上という利益を失うことになる。所有者等が、この利益の逸失をどの程度の損失として行政に補償してもらえるのかといったことは、訴訟を起こし裁判をしてみないとわからないのだが、幸か不幸か、今のところ日本ではこうした裁判の実例はない。これは、日本では歴史的建築物を文化財にするにあたって、予め所有者の同意を得ることを前提にしているからである。おかげで、歴史的建築物の保存にともなう収益性の低下について、行政がほとんど措置をしないで済んできたというのが、日本のいつわらざる実態なのである。このような都合の良い行政の対応が、これまで貴重な歴史的建築物を開発圧力に無防備にさらしていたことを、我々は十分に認識する必要がある。

⑻ヨーロッパでは？

ここまで考えるとむしろ、それではなぜ欧米諸国、とくにヨーロッパではどうして保存できているのか、ということが気になってくる。

ヨーロッパでは、歴史や文化を守ることが重視されているために、工事費の負担、課税負担、収益性の低下に、国民が我慢強く耐えているのだろうか。それとも、高度・効率化に対する補償を含むすべての損失に十分な補償措置がなされているのだろうか。

答えはどちらでもない。なぜなら、ヨーロッパのなかで歴史的建築物や美しい町の風景の保存や継承が上手くいっているところでは、日本のように保存にともなって所有者等に経済的不利益が発生するということはないからである。理由は簡単で、土地の高度・効率的な利用が、日本のように重視されていないためである。

ヨーロッパの町の美しい風景を思い出してみてほしい。高層建物がつくられている場所は、都心部のごく一部の場所に限られているのではないだろうか。都心部といわれている場所の範囲も、日本の都心部と比較すると非常に小さいはずだ。

つまり、ヨーロッパでは、土地の所有者に対して、土地を高度に利用する権利が、広く認められるということはないのである。むしろ、既存の建物を従来よりも大きな建物に建て替える場合に、都市計画上の法律によって行政から許可を得なければならない形にしていることの方が多い。これは高度・効率化を目指す開発そのものを原則として抑制している形ともいえる。都市計画の制度は国ごとに異なるので、ひとまとめにして述べるのは危険だが、危険を顧みずにいえば、この考え方は、ヨーロッパの多くの国において共通している。

ヨーロッパでこうした考え方が生まれるまでの背景には、様々な事柄があったに違いない。そのひとつに、日本よりも早い時期に人口増加や、都市への人口集中といった現象があり、その現象に対していちはやく抑制策がとられたことや、オランダ等の一部の国を除いて、人口密度がそれほど高くなく、国土の高度・効率化の必要性もそれほど高くなかったことが、あげられるだろう。

このヨーロッパの考え方を参考にして、日本において「ダウンゾーニング」の導入が必要だと主張する都市計画の専門家がいる。都市計画では、土地の面積に対してどれぐらいの延べ床面積の建物を建ててよいかという割合（＝容積率）を定めている。「ダウンゾーニング」とは、現在認められている地区の容積率よりも低い容積率を地区に導入し、高層の建物の開発などを抑制しようとする方法である。ダウンゾーニングを実現すれば、開発にともなって容積率を使って得られる利益は失われるので、それに対する所有者等への補償は必要なくなる。ちなみに、開発を積極的に進めているようにみえるアメリカでも、地域によってはダウンゾーニングを導入している。

とはいえ、ダウンゾーニングだけでは、歴史的建築物を保存継承し、町の美しさを取り戻すことはできない。その実現のためには、所有者等に発生する、維持管理費やリニューアル工事費に対する負担という、もうひとつの不利益に対する補償が必要である。

そこで、欧米諸国では、歴史的建築物や美しい町の風景を保存継承するために、所有者等が負担する費用についても、税制の優遇や補助金等の形で、ある程度の補償がなされている。とくにヨーロッパでは、高度・効率化にともなう税負担、収益性の低下が問題とならないため、税制の優遇や補助金等だけで、所有者等の損失への補償とすることが可能となっている。このため、歴史的建築物の保存が上手くいっているのである。

もうひとつ注目して良いのは、欧米諸国では、色、形や素材といった建物の外観に関わる各部については、日本よりもはるかに規制が厳しい場合が多いことである。これらの規制は、歴史的建築物に限らず一般の建築物にも及んでいることが多い。これは、建物の外観は、広く人の目に

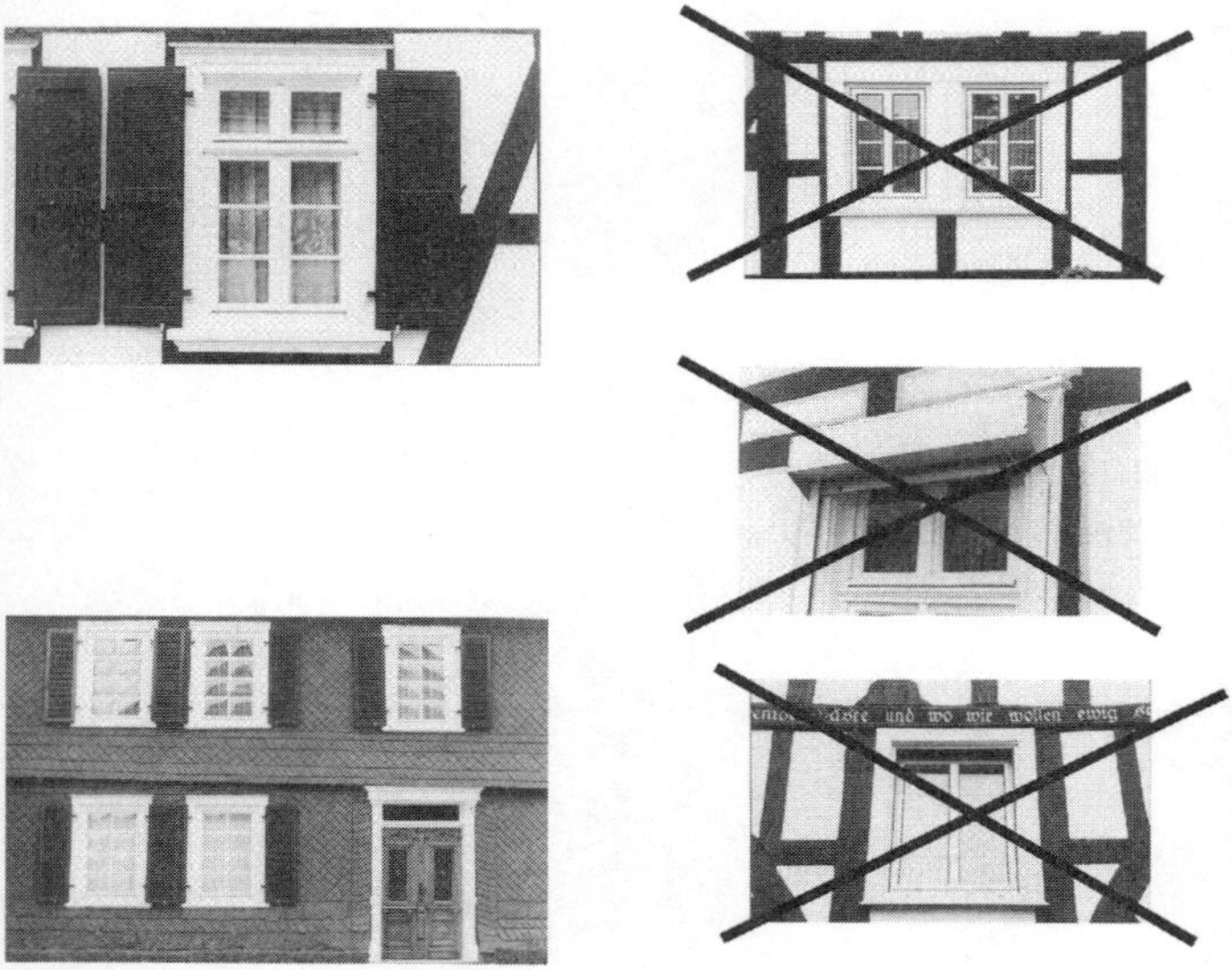

ドイツの保存規制（Gestaltungsvorschriften）の例
フロイデンベルク市

触れるので、公共物であるという意識によっている。美しさの保持という点では、こうした厳しい規制が有効に機能していることも、見逃すことはできない。この点をとってみれば、欧米諸国の人々は、日本の人々よりも、ずっと我慢強いといえるだろう。

この厳しい規制も、欧米諸国において、歴史的建築物や美しい町の風景の保存を成功させるために有利に働いている。なぜなら、規制が全員に均等に及ぶなら、歴史的建築物に対して公共が規制したとしても、それによって発生する損失の補償を行う範囲は、著しく限定されるからである。実際に、欧米諸国において、歴史的建築物に税制の優遇や補助金といった補償的な優遇措置をとるところでは、屋根や壁や窓・扉の形、材料といったものに対して、一般の建物よりもずっと厳格な規制を課している場合が多い。先に、日本より欧米諸国の方が、歴史的建築物に対する規制が厳しいことがあると述べたのはこのためである。

一方、建物の外観に関わる規制は、行き過ぎた規制をしなければ、維持管理費やリニューアル工事費といった所有者等の費用負担を大幅に増やすことにはならない。強制力と補償の関係から、欧米諸国の規制を見直すと、公共機関が補償のために過度の負担をしなければならないことがなくて済む程度の適当な規制となっていることも意外に多い。この点にも注目する必要がある。

(9)日本では？

それでは日本で、今後、歴史的建築物をこれ以上失わず、美しい町の風景を取り戻すために、何をしたらよいのだろう。

規制アレルギーを克服して、著しい経済的負担が生じないのであれば、少しばかり建物の色や形等に対する規制を受け入れる覚悟が、まず必要だろう。それに加えて、日本も少子化・高齢化にともなって人口減少に向かっているので、まずダウンゾーニングを導入するといった案も、当然あり得るだろう。実際に、景観に関わる都市計画の学識者のなかには、ダウンゾーニングの導入を訴える人も多いことは前項でも紹介した。

ところが、現在も日本の都市部においては、土地の高度・効率的利用を図るために、容積率の緩和という手法が導入されている。土地には、場所ごとに、土地の面積に対して建物が占めてよい面積の割合（＝建ぺい率）と、どれぐらいの延べ床面積の建物を建ててよいかという割合（＝容積率）が定められている。これは、世界共通のルールである。容積率の緩和は、この容積率の上限数値について、通常より高い値を認めることによって、高層の建物の建設を許容することを意味している。大規模で高層の建物の建設が可能になる容積率の緩和は、現在、行政による規制緩和政策のひとつとして採用されており、それは民間に歓迎されている。

それだけではない。日本では、容積率を緩和しなくても、現在我々が通常見ている町並よりも、容積率が高く設定されていることが多い。つまり、現在よりも高く大規模な建物の建設を、既に土地の所有者等に広く認めていることになる。これに対して、ダウンゾーニングを導入することは、場合によっては、現在建っている建物も容積率オーバーの建物とするものであり、建物の高さや規模の面で、どれだけの建物が造れるのかについて、人々の期待を裏切ることになりかねない。決して容易なことではないのである。

⑽規制緩和の流れのなかで

規制緩和の導入が強く推奨される今日、規制強化はよほどのことがない限り、実現は不可能である。このため、日本においては、ヨーロッパのように開発を抑制してしまうことや、ダウンゾーニングを導入することは、それが理想であっても、現実的には困難ではないかと、筆者は考えている。なぜなら、規制緩和を支持する識者のなかには、容積率の撤廃を求める人がいるぐらいだからである。むしろ現在の政策は、小泉政権下で進められた都市再生政策をはじめとして、容積率の緩和の方向を支持しているといってよい。政策のハンドルを切るといっても、いきなり一八〇度ハンドルを切ることは難しいのである。

近年の景観をめぐる問題のなかで、建物の高さを抑制する条例ができたり、高い建物の建設に反対する市民運動が行われていたりするので、開発抑制やダウンゾーニングが、全く実現不可能ではないかもしれない。けれども、建物の高さは問題視されても、容積率を低く抑えるべきだというところまで市民の声が及んでいないのも事実である。

少し譲って、地方都市においてダウンゾーニング制度が導入できたとしよう。それでも、東京等の大都市中心部においては、制度の導入は困難ではないかと、筆者は考える。なぜなら、先に述べた都市の住宅難という問題が、既に解決済みと自信をもって答えられる人は、それほど多くはないと思われるからである。その限りにおいて、国土の高度・効率的利用の必要性は、失われない。同時に、人々の就労場所という点で、都市中心部への人口一極集中現象は、今なお継続している。そして、中心部の建物を高層化することによって収益性を向上させる手法が、経済政策の一翼を担ってしまっている。こうした状況下で、開発抑制やダウンゾーニングという規制強化のための合意形成が容易にできるとは思えない。

また、筆者の実感をいわせてもらえば、開発に対する執着は、地方の方が都市部よりもさらに根強い。高度な開発を行うことが、経済的に落ち込んだ地方の活性化を促すと信じられているからである。したがって、合意形成には、地方の方が、さらに時間を要することも予想され、地方においてもダウンゾーニングの導入は容易ではない。筆者はこのことを良いことだとは全く思わないが、地方分権の流れのなかで、先進的ないくつかの地方で、開発抑制策やダウンゾーニングが導入されることを願うしかない。

このように考えると、日本では、土地の高度・効率的な利用に対する規制緩和という政策をある程度認めた上で、それと歴史的建築物や美しい町の風景の保存継承との調整を図る方法を模索することの方が、当面現実的ではないかと思われる。

⑾空中権の移転（T.D.R.）と保存

実際に近年、土地の高度・効率的利用との調整を図ることによって、歴史的建築物の保存を実現した例も目立つようになってきた。東京の都心部にある前出の三井本館、明治生命館や、日本工業倶楽部会館（千代田区）、東京駅（千代田区）は、その例である。

東京駅を除く三つの建物では、建築基準法、都市計画法で定められた特定街区という制度が使われている。これは、保存建物の敷地と隣接する敷地をあわせて一体で開発を行った場合に、開発する敷地全体に、通常よりも高い容積率を認めるというものである。こうすると、保存建物に隣接して、周辺よりも規模の大きい超高層建物の建設が可能になる。つまり、歴史的建築物を保

日本工業倶楽部会館

存すると、その土地には高層建物を建てることはできなくなり、土地の容積率を有効利用していない形になる。そこで、有効利用できない容積を、隣接建物に移すことによって、所有者の不利益を少しでも補おうという考え方である。

東京駅についても同様の考え方だが、こちらでは、隣接建物ではなく、周辺のいくつかの敷地に、通常よりも高い容積率を認めるという形がとられている。これは、建築基準法、都市計画法で定められた「特例容積率適用地区」という制度を用いたものである。これによって、東京駅は、第二次世界大戦による戦災を被る前の姿に復原保存される予定である。

三井本館、明治生命館、東京駅では、それに加えて、保存した建物とその敷地にかかる固定資産税も非課税とされている。これは、建物が文化財保護法に規定する重要文化財に指定されたことにともなう措置である。重要文化財については、改造に文化庁長官の許可が必要であるなど、所有者等に厳しい規制が課されており、それに対する措置として固定資産税を非課税とすること

東京駅

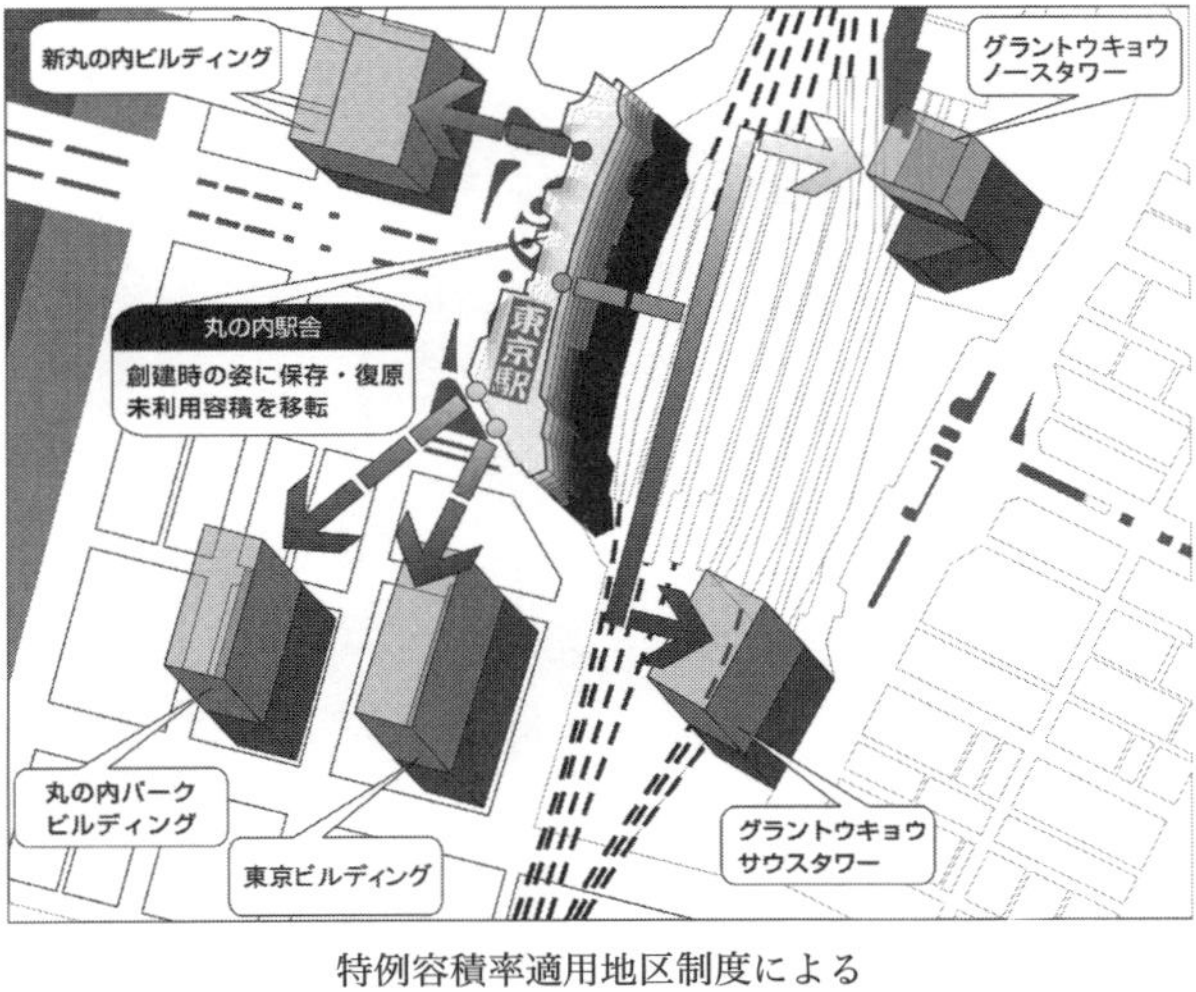

特例容積率適用地区制度による
東京駅丸の内駅舎の容積移転

が国の税法で定められているからである。

このように、容積を他所に移して都市部の歴史的建築物の保存を実現する方法は、アメリカのニューヨーク、フィラデルフィアといった大都市において始められた。これは、建物を建て替える権利を他所に移す形になるため、「空中権の移転」として、我が国では紹介されている。アメリカではこれを、「移転可能な開発権（Transferable Development Right=T.D.R.）」を用いた保存と呼ぶ。容積率を移転する際に、移転先への売却という方法をとれば、その収益で歴史的建築物を保存する工事費用を賄うこともできるので、保存に対する負担を回避する上で、じつに有効な制度といえる。

⑿空中権移転の問題点

空中権の移転は、歴史的建築物の保存を実現する上で有効な制度ではあるが、日本の制度には、問題点も少なくない。

まず、移転先の容積率が周辺よりも高くなるため、スカイラインの統一等が困難になり、美しい町並景観の形成という点で、問題が生じる可能性があることである。このため、空中権移転の先進国アメリカでは、開発権を場所が離れた他の地区一帯に移してスカイラインの不統一を回避するといった措置もとられている。

次に、特定街区、特例容積率適用地区ともに、行政が定める地区であり、歴史的建築物を保存しても必ず認められるかどうかわからないということがある。つまり、保存しても、所有者等の損失が確実に補償されないリスクが存在するのである。例えば、隣接地との一体開発が困難な場合には、特定街区制度の適用は期待できない。また、特例容積率適用地区の制度はまだ始まったばかりで、現在東京駅の周辺の地区にしか適用されておらず、どのような場合に制度が適用されるのかわからないのである。さらに加えるなら、歴史的建築物の保存を想定した特定街区の運用、特例容積率適用地区の指定を行っているのは、現在東京都だけである。他の大都市では同じ制度が適用してもらえるかどうかもわからないということになる。

アメリカでは、空中権移転は、主に歴史的建築物を保存した場合に認められる。つまり、歴史的建築物の保存に権利移転の優先権が与えられている。これに対し、日本では、広場（公開空地）の確保、建物の緑化といった他の条件を満たした開発でも、容積率の割り増しが認められることが多い。つまり、歴史的建築物を取り壊した場合でも、他の条件を満たすことで、新築の建物に空中権移転と同じ権利を手に入れられる可能性が高いのである。これでは、歴史的建築物の保存を実現することは簡単ではない。

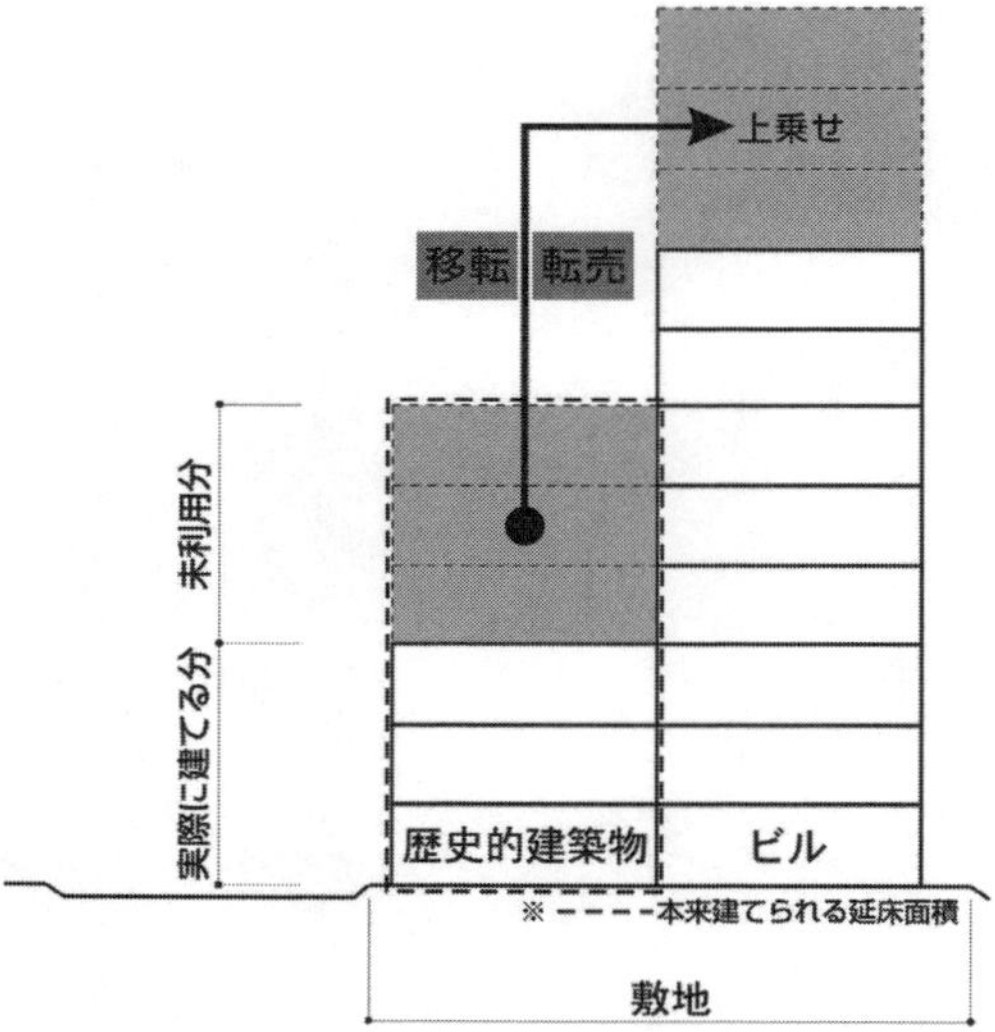

容積移転模式図

地方公共団体のホームページなどをみると、必ずといっていいほど、「歴史や文化を大切にした美しい町並景観の形成を目指す」といったことが目標として掲げられている。けれども、現状をみると、真剣にその実現を目指しているのかと疑いたくなってくる。

本章の冒頭で述べたように、日本では、土地の高度・効率的利用に対しては、国も地方公共団体も積極的に支援をしている。つまり、国も地方も、高層の建物に建て替えることに、十分な公益性を認めているのである。歴史的建築物が次々に壊されている日本の現状は、所有者等が、歴史的建築物の保存と土地の高度・効率的利用というふたつの公益性を秤にかけて、後者を採択しているだけなのだ。

この状況をかえて、かつてのような美しい町の風景を取り戻していくためには、所有者等が歴史的建築物の保存を大きな自己犠牲を払わずに行うことができる環境を整えることが必要である。そのためには、土地の高度・効率的利用が進むなかで、保存によって生じる所有者の負担を、空中権の移転などによって、少しでも取り除く仕組みをつくることが、行政には求められよう。とはいえ、高度成長期のようなゆとりは、現在の行政にはない。行政が、財政負担を少なくしながら、保存のための所有者等の負担を取り除くという、たいへん難しい仕組みづくりが、現代は求められているのである。

アメリカのT. D. R.（ボストン市）

コラム② 「本物」を残すということ

過去から未来へと世代を超えて環境を大切に継承してゆくことは、人間社会における基本的ルールであったはずなのだが、現代の近視眼的サバイバルレースの中で、我々はいつしかこの大切な精神を見失ってきてしまったようだ。とりわけ大都市においては、再開発の波の中で、短期間に過去の記憶が一切拭い去られるような状況がいたるところで見られる。歴史的痕跡をとどめない都市に、果たして人々は誇りや愛着を持つことができるのだろうか。

一方で、ユネスコ世界遺産を中心とした歴史的環境への関心が非常に高まっている。書店には、ヨーロッパを中心に世界の歴史的都市や建築に関する本が並び、文化遺産を巡るツアーも盛況である。一般的な日本人にとって、深い歴史をたたえた〝ロマンチック〟なヨーロッパの都市や建築に対する憧れは自然なものかもしれないし、その豊かで多様な歴史・文化を知ることはとても有意義なことだろう。しかし我々は、ヨーロッパからいったい何を学んでいるのだろうか、と考えざるを得ない。

我々が憧れるヨーロッパの豊かな歴史的環境の中には、それぞれの地域の人々の誇りがたくさん詰まっているような気がする。地域のアイデンティティーを構成する「本物」の環境の中で暮らすことが彼らの誇りであり、その環境を長い時間をかけてさらに守り育ててきたことが、魅力的な風土を創り上げているのだろう。我々はヨーロッパに憧れるだけではなく、誇りの持てる「本物」の環境を自ら手に入れることを真剣に考える必要がある。

ところでヨーロッパの多くの歴史的都市や建築も、ヨーロッパ人にとっては大きな経済的資源であり、単に文化的意識だけで保存しているのではない。ヨーロッパから歴史的建造物が消えたら、文化だけでなく経済も破滅するだろう。今後、観光というものが世界経済の中でますます大きな位置を占めるであろうことを考えると、歴史的建造物が経済に及ぼす影響がさらに増すことは間違いない。そして大切なことは、歴史的建造物というものは一度失ったら二度と回復できないという事実である。かつての建築や街並みを「復元」することで歴史的環境を〝再生〟したとしても、そこに「本物」の環境が存在しない限り、世界基準での観光地にはなりえない。ユネスコ世界遺産（文化遺産）に登録されるためには、〝オーセンティシティー〟という「本物」であることの証明が必要とされるのは、その一例である。

ヨーロッパでは今から四半世紀以上も前の一九七五年に、ヨーロッパを挙げて保存の問題に取り組んだという歴史がある。政治・経済・法律・文化など、多岐にわたる政府間協議の母体である「欧州評議会」が、この年を「ヨーロッパ建築遺産年」とすることを決定し、その年の活動の総括として「ヨーロッパ建築遺産憲章」という記念すべき文書がまとめられた。その憲章には、歴史的環境を「本物」の遺産として継承してゆくための文化的・社会的・教育的・経済的指針や法制度を含む各種の支援措置が、現在の我々が読んでも驚くほどの先進性をもって述べられている。そして特筆すべきはこの宣言が市民団体やNPOではなく、欧州評議会における各国の閣僚級の政治家が参加する委員会によって出された宣言であるということだ。特に、憲章の中の「財政的支援」という章の次の一文は、ヨーロッパの人々の保存に対する強い決意の表明である。

『歴史的中心街区の保存修復のために公共機関が使用できる財政的資源は、少なくとも新規の建設行為に割り当てられるものと同額になることが必須の条件である。』

わが国のリーダー達は四半世紀以上前に出されたこの憲章の精神に、今から一歩でも近づく努力をすべきなのだ。さらに、「本物」の歴史的環境を守り育てることで、失われつつある日本のアイデンティティーを再生することこそが、将来にわたり日本が世界で生き延びるための道であることを、国民自身理解することが肝要なのである。

［田原幸夫］

Ⅱ　防災・安全への対策と建築物の活用保存

(1)災害大国ニッポン

前章では、国土の高度・効率的利用という面から、都市部の歴史的建築物や美しい風景を保存継承することが、日本という国においていかに難しいのかについて考えてみた。本章では、視点を変えて、災害や防災という面から、都市部の歴史的建築物や美しい風景を保存継承することの難しさを考えてみたい。

日本は、世界有数の災害大国である。毎年、何かしらの自然災害にみまわれ、大きな被害が出る。日本に起きる災害といえば、すぐ地震を思い出すが、他にも台風、大雪、大雨、火山の噴火など、ざっとあげただけでも、きりがないほどである。こうした自然災害が起きるたびに、各地に被害が生じるが、歴史的建築物や美しい町も、その例外ではない。平成七（一九九五）年の阪神淡路大震災で、重要文化財を含む多くの歴史的建築物が倒壊したり、平成三（一九九一）年と

阪神淡路大震災で全壊した神戸居留地十五番館（1998年（財）文化財建造物保存技術協会）

厳島神社の台風による被害（2000年（財）文化財建造物保存技術協会）

関東大震災の被害（朝日新聞社「大震災写真画報」1924）

同一六（二〇〇四）年の台風で、広島県の厳島神社の建物に大きな被害が出たりしたことは、記憶に新しいところである。

自然災害の他にも、建物や町に被害をもたらす災害がある。それは、火災である。最近、マンションやビルが増え、様子が変わりつつあるが、とはいえ、日本国内では木造の建物の数が最も多い。木は燃えるので、木造の建物は、火災にあいやすい。木造の建物が並んでいると、一軒の火災が、他の家に延焼や類焼を及ぼし、大きな被害を生むこともある。したがって、都市部に木造の建物が集中していると、それだけ危険度が高いことになる。かつては、都市に起きた火災が大きな被害をもたらした。「火事と喧嘩は江戸の華」というフレーズは、その様子をよく物語っている。

このため、各種の自然災害や火災に強い建物や町をつくることが、日本では求められている。建物や町づくりに関わる法制度や公共からの支援措置も、そのことを十分に意識したものとなっている。

近代に入ってからの災害で、建物や町に最も大きな被害をもたらしたもののひとつに、大正一二（一九二三）年九月に起きた関東大震災がある。関東大震災では、多数の建物が倒壊する被害が出た。そして、壊れた建物から発生した火災が、次々に他の建物に延焼、類焼し、それがさらに被害を大きくした。地震時には、壊れた建物では消火活動が行えず、壊れた建物があると消防も被災箇所に簡単にたどりつくことができなくなる。関東大震災で被害が大きくなったのは、このような理由もあったと考えられている。このため、地震によって火災が発生する事態は、災害のうち最も危険度の高いもののひとつとされている。この悲劇は、阪神淡路大震災でも繰り返されている。

関東大震災より前から、建物や町並を地震や火災から守る工夫はされていた。けれども、関東大震災による被害は、人々の予想をはるかにこえていた。このため、関東大震災の被害を教訓に、公共による様々な防災対策がより積極的に行われるようになった。例えば、その代表的なものに、大正一三（一九二四）年に市街地建築物法（制定は大正八年）が改正され、建物の耐震基準が初めて定められ、現在の建築基準法の前身ができあがったことがある。また、現在、各地で九月に防災訓練が行われているのは、関東大震災が発生した月だからである。そして、現在でも、公共が想定する建物や町をおそう最大の災害は、地震と火災が同時に起きることである。国や地方公共団体では、その事態を想定して、法制度を整え、危険区域の設定や、防災計画の策定などを行っている。

⑵建物の耐震化・不燃化と建て替えの推奨

地震や火災によって建物が被害にあわないようにするためには、個々の建物そのものを強くする必要がある。このため、個別の建物の耐震化や不燃化を図るという考え方も、関東大震災後にとくに重視されるようになった。

近年、地震に強くなるように建物をリフォームする、いわゆる「耐震補強」の必要性が話題にのぼっている。このように、既存建物を改良することによって、建物の耐震化・不燃化を実現することは容易である。ところが近年まで、既存建物の改良ではなく、建物の建て替えによって、耐震化・不燃化した建物を増やすという考え方が主流だった。もしかすると、今でも改良はやむを得ずやるもので、理想としては建て替えが良いという考えをもっている人が相当数いるかもしれない。

その理由は簡単である。なぜなら、前章で述べたように、建物の高度・効率化も図る必要があり、建物を建て替えれば、耐震化・不燃化と同時に、高度・効率化も達成することができたからである。

これに加えて、建物を新築することが経済の活性化につながる、と考えられていることによる影響も大きい。その証拠に、新築建物の着工数は、ごく最近まで、政府が経済動向を判断する重要な指標のひとつとされていた。現在でも、新聞紙上等においては、新築建物の着工件数は経済指標として使われている。これは、新築による建設事業の需要に加えて、家具や電化製品といった様々なものも買い換えられる可能性が高くなるため、消費の促進につながるということなのだろう。

このため、日本のほとんどの法制度は、建物を建て替え・新築することが有利になるよう整えられている。公共が、建て替え・新築ではなく、既存建物の改良に目を向け始めたのは、耐震改修やバリアフリー改修が話題にのぼるようになった近年のことなのである。その証拠に、例えば、住宅の取得に関わる所得税の減税措置は、長い間、新築物件だけが対象とされていた。現在は、リフォームも減税措置の対象とされているが、それでも、建築後の年数が比較的に新しい建物をリフォームする場合だけしか対象とならない。つまり、建築後の年数が相当経っている歴史的建築物は、減税の対象とはならないのである。また、東京都では、現在も、新築住宅を取得した場合に限って、建物の固定資産税を減税するという優遇措置をとっている。一方、歴史的建築物に対する固定資産税の優遇措置は、第I章で紹介した国が文化財に指定、登録した建物の他には、東京都が文化財に指定した建物などの一部に限られており、積極的に保存継承のための優遇措置を設けているとはとてもいえない状況である。

この結果、築年数が非常に古い歴史的建築物の所有者等には、高度・効率化による圧力の他に、耐震化・不燃化の促進や経済効率重視による建て替え・新築の推奨という無言の圧力がかかっていることになる。この圧力を感じれば感じるほど、所有者等の保存に対する意欲は失われていってしまうのである。圧力だけではない。建て替え・新築に対する様々な優遇措置があると、所有者等に対して、専門家と称する人々が、しきりに「建て替え・新築した方が、自己負担が少なくなり経済的に有利ですよ」と勧めることになる。こうした勧めを気に留めずにいられる強い意志がなければ、歴史的建築物の改修は実現しないのである。

(3)建築基準法・消防法と歴史的建築物

耐震化・不燃化の推進という点では、建築基準法、消防法といった建物の安全性に関わる法律も、歴史的建築物に対して建て替えという圧力を与えているもののひとつである。既存建物を改良してこれらの法律を満足させるといったことは、簡単なようであるが、現実的には難しい点が多々あり、これも歴史的建築物の前に立ちはだかる大きな障壁となっている。

建築基準法や消防法では、利用する人々の安全や建物の安全を確保するため、各種の基準を定め、建物の構造、材料や各種の設備等について、細かく規定している。新築の建物であれば、法律の内容にあわせて構造や材料等を決めればよいから、細かな規制があっても、実施が困難になるといった特別な問題はそれほど生じない。ところが、歴史的建築物の多くは、現在の建築基準法や消防法が定まる以前に建てられたものである。したがって、必ずしも現代の法律にあった姿にはなっていない。そこで、歴史的建築物を改良して、現代の法律を満足させる形にしようとすると、建物の各部の構造や材料を変更したり、設備を新たに設置したりすることが必要になる。

建築基準法では、歴史的建築物のように、法律ができる前につくられた古い建物については、「法律を満たしていないが、直ちに法律にあう形にする必要はない」こととされている。一方、古い建物であっても、大きく手を加えるような場合には、現在の法律にあう形に改良することが要求される。つまり、新築建物の場合には法律が求める要件を満たさないものは違法となるが、既存建物の場合には大きく手を加えるときまでは法律の要件を満たさなくても違法にはならないという、一定の猶予期間が与えられている形である。このため、専門家は、現在の法律が要求する性能を満たしていない古い建物を、「既存不適格」の建物と呼んでいる。

建築基準法では、既存不適格を広く認める形になっているが、消防法では、不特定多数が利用するような一定の建物については、法律の改正にともない既存の建物にも直ちに改良を要求することができる形になっている。これを専門家は「遡及適用」という。実際の運用では、消防法も、すべての面において厳格に遡及適用を求めるようなことはしておらず、建築基準法の既存不適格と同様の形になっている建物も存在する。

問題はこの既存不適格の建物の改良や遡及適用による改良をどう実現するかにある。なぜなら、法で定める構造、材料や設備等が、きわめて限定されているため、古い建物を改良しようとすると、たいへんな手間を要することになってしまうことが多いからである。そのうえ、歴史的建築物の場合、改良によって構造や材料等が変わってしまうと、大きくデザインが変わることなどによって、歴史的な価値を失う恐れすらある。

性能を改良することによって歴史的建築物の価値に影響を及ぼす恐れがあるのは、耐震化や不燃化を図る場合だけとは限らない。近年話題になっている建物をバリアフリー化しようとする場合や、建物のエネルギー効率を向上させるような省エネルギーのための改修の場合にも同様のおそれがある。

そこで、歴史的建築物を保存していくためには、各種の性能の改良と価値の継承を両立させるための知恵と工夫が相当に必要ということになる。ところが、この知恵と工夫を出すためには、手間や費用が余計にかかってしまうことになる。こうなると、所有者等の負担がさらに増すことになる。こうした所有者等の負担に対する特別な配慮がなければ、保存の実現は困難なのである。

⑷日本における歴史的建築物への安全関連法令の適用

それでは、日本の現状はどうなっているのだろうか。

建築基準法では、文化財保護法で国宝・重要文化財といった国が自ら文化財に指定した歴史的建築物については、その適用を除外することになっている。また、地方公共団体が指定した歴史的建築物についても、建築審査会（建築基準法で定められた特定行政庁ごとに置かれた審査会）の同意が得られれば、建築基準法の適用が除外できることになっている。

消防法については、平成一六（二〇〇四）年の同法の施行令改正までは、国や地方が指定した文化財については、自動火災報知機の設置義務と地方公共団体が文化財周辺での火器の使用を制限できる等の規定があっただけだった。しかし、同年の改正で、指定された文化財は、利用実態に応じた消防設備を設置することが義務化された。この改正がごく近年で、厳格な遡及適用も求められていないため、消防法の適用による具体的な課題は、とりあえずまだ生じていない。もちろん、これから出てくる可能性が高いと考えられるのだが。

このため、国宝・重要文化財については、ひとまずこれまでは、建築基準法や消防法といった安全法令の適用によってその価値が失われることがないよう措置されていたといってよい。

一方、これまでの措置は、価値を残すという意味では非常に良いが、どのように安全性を確保するのかという点でいえば、大きな問題があった。例えば、建築基準法のように、適用を除外してしまうと、全く安全対策を検討しないということすらあり得るからである。近年消防法の施行令が改正されたのも、様々な形で利用される（とくに不特定多数の人々に利用される）文化財が増えてきたことに対して、自動火災報知機しか設置しないような事態が起きないようにしたというのが実態であろう。実際に、阪神淡路大震災や近年の台風によって国宝・重要文化財に様々な被害が発生しているのは、安全対策に関するチェックが甘かったのではないかという見方もできる。悪く言えば、歴史的建築物の保存は、建築基準法の適用が除外されるという措置の上にあぐらをかいていたといえるかもしれないのである。

そこで、国宝・重要文化財といった文化財の保護を所管する文化庁は、阪神淡路大震災の後に、歴史的建築物の耐震対策のために予算を投じ、平成一一（一九九九）年には「重要文化財（建造物）耐震診断指針」をまとめた。これによって、建築基準法とは別の方法で安全性を確保する道筋を一応は示したことになる。さらに文化庁では、所有者等の負担を軽減するため、国宝・重要文化財の耐震診断や耐震補強の費用を国が補助する形をとっている。また、消防については、法律の制定時から、国宝・重要文化財の所有者等が防火・防犯のための設備を設置する費用に対して、国が補助金を出している。この設備は、消防法が求める以上に充実したものとなっている。

ところが、これだけでは未だに問題が解決したとはいえない部分がある。なぜなら、文化庁では、指針に基づく耐震診断と、診断結果に基づく耐震補強や、消防のための設備の設置等については、あくまで所有者等が自らの責任で行うものとしているからである（ただし、国宝については、管理に対する勧告等の一定の手続きをとれば、国が自ら修理することができる）。また、この補助の対象はあくまで国宝・重要文化財に指定された歴史的建築物に限られており、その他の文化財については、特別な措置が全くないからである。

前者については、所有者等の負担を軽減する上では、現在の補助で十分であるとの反論が、文化庁から出されそうである。けれども、筆者はこれでは十分ではないと考えている。なぜなら、耐震改修については、現在、私有財産である一般の住宅であっても、地方公共団体が条例で耐震化のための計画を策定する等の一定の条件を満たせば、国からの支援として、耐震改修費用に対する税制優遇措置（所得税減税）を受けられることになっているからである。

文化財は国が公共財として法律（文化財保護法）で認め、その保護を図ろうとしているものである。それにもかかわらず、国は文化財の耐震診断や耐震化の実施をあくまで所有者等が自らの判断で行うものとしていて、支援措置も国宝・重要文化財に限定しているのである。このことは、疑問といわざるを得ない。国宝・重要文化財以外の文化財についても、せめて一般の住宅並み、というよりもむしろそれ以上の措置がなされるべきである。具体的にいえば、公共による計画の策定がなされるべきであり、かつ、税制優遇や資金補助による経済的支援がなされても良いのではないだろうか。

(5)古い建物が抱えるリスク

所有者等の立場からいえば、改良費用の手間や経費といった経済的負担以外にも心配なことがある。それは年数を経た古い建物が、本当に安全かという問題である。

新築の建物では、法規に則った建物全体の安全性が確保できるだけでなく、各部に使われている部品（パーツ）や材料等についても、新製品としての保証が製品の製造者によってほとんど約束されている。これに対して、古い建物は、年数を経た材料や部品が各所に使われている形になる。年数を経過すると、材料や部品の強度は一般的に低下する。このため、古い建物は、全く同じ形の新築の建物があれば、それと比較すると、相対的には安全度が低下していることになる。そして、各部の部品や材料の品質についての保証は、年数を経過しているため、失われていることが多い。

建物に安全上の問題があると、所有者等にとっては、危険というだけでなく、賃貸を行う場合や投資を募るような場合にも不利になる。それでは、保存することがますます困難になる。そこで、所有者等にしてみれば、歴史的建築物を仮に残して欲しいといわれるなら、古くなった建物の安全性に対して、その性能を明確化したり、その性能を保証したりする何らかの仕組みや方法を示して欲しいということになる。

このように安全性を保証する観点からいえば、国宝・重要文化財のように建築基準法を適用除外としてしまうことは、必ずしも歓迎すべき措置とはいえないことになる。なぜなら、建物が建築基準法や消防法といった法令に則っていることは、一定の安全を保証する意味をもつことになるからである。

ところが、先に述べた通り、日本では建築基準法や消防法に則るような改良を行おうとすると、多大な費用がかかる上に、改良箇所が多くなって文化財としての価値を失いかねないのである。したがって、所有者等にしてみると、経済的な面で安全を確保するための改良に対して支援を受けることはもちろん、支援を受けて実現した改良が、どの程度安全なのかを明確にしてもらいたい、と言いたくなるところである。

⑹欧米諸国における歴史的建築物の安全確保

欧米諸国をみてみると、アメリカの西海岸地方のような一部の地域を除くと、日本のように地震がある地域は少ない。したがって、日本と同じような地震に対する安全上の問題を抱えているところは少ない。とはいえ、古くなった建物の安全性に不安があり、それを明確化したり保証したりする必要があるのは、どの国でも事情は同じはずである。

それでは欧米諸国において、安全性の確保と歴史的建築物の価値の保存との調整は、どのように図られているのだろうか。

建物の安全性を確保するために、日本の建築基準法や消防法に類似する法制度は、欧米諸国に限らず世界の各国で定められている。そうした法制度のなかで、欧米諸国でも、歴史的建築物のように古くなった建物に対しては、日本の既存不適格建築物とほぼ共通した仕組みがある。さらに、個人の住宅については、個人の私有財産であるため、安全確保は自己責任で行うという考え方に立っており、性能の改良を行うことに対する法的な義務はごく限定的なものとなっている。一方、不特定多数が使用する建物については、人々の安全を守るため、歴史的建築物といえども、法律で定める安全上の要件がいろいろと定められており、所有者等はそれを遵守することが厳しく義務付けられている。

不特定多数が使用する建物について多くの規制があることだけをとってみれば、日本も欧米諸国と変わりない。けれども、不特定多数が利用する歴史的建築物に対する扱いという点に注目すると、建物の安全に関わる法令の適用方法について、日本と欧米諸国ではその実態に大きな違いがある。

まず、欧米諸国では、法律で定めた安全性能を満たしていることが認められるなら、構造、材料や設備等について、新築の建物に使われるものと異なるものを使っても良いことが、幅広く認められやすい仕組みが整えられている。これについては、後に詳しく述べるが、実は日本でも同じ考え方に基づく仕組みがある。けれども、実際の運用をみると、日本では、構造・材料・設備等について、ひとつの新しい方法を認めるために、相当の計算や実験が求められるなど、費用と手続きに大変な手間を要する。このために、お世辞にも「幅広く」認めているとはいえないという違いがある。

次に、欧米諸国では、新築建物と同じレベルの安全性を満たすような改良を行わなくても、安全上の法令を満足することができる柔軟な措置をとっている場合もある。わかりにくい面があるので、具体的な例をあげて説明しよう。例えば、不特定多数が利用する建物のなかには、火災に対する安全上の観点から、扉の材質、幅や開く方向にも法令で規定されているものがある。この規制を適用してしまうと、歴史的建築物の立派な扉廻りに大きな改造を施さなければならない場合も出てくる。そのときに、扉のある部屋を利用する人数の制限を行ったり、特別な避難誘導計画を立てたり、通常とは異なる設備を設置したりすることによって、扉廻りに改造をしなくてよいことを欧米諸国では認めているのだ。日本では、このような措置や考え方はとられていない。

欧米諸国のこうした措置は、法的な理屈からいえば、日本における建築基準法の適用除外と類似する特例措置といえる。けれども、両者の違いはその運用にあたっての考え方にある。欧米諸国では、現代と同じ安全を確保できないものについても、確保可能な安全限界を認証し、かつ、それを有効に活かすことを前提に法令が運用されている。これであれば、所有者は自らの建物の安全性を確実に把握することができる。これに対して日本では、現代と同じ性能のものだけしか限定的に認証しない、もしくは、適用除外によって安全認証そのものを曖昧にしてしまっている形で、安全の度合いを知って対処方法を考えたい所有者等にとって、はなはだ不満が残る形なのである。

欧米諸国のような方法をとれば、歴史的建築物の所有者等は、建物の安全を確保する際の改良工事にあたって、構造、材料や設備の変更を大幅にしなくて済む形になる。これは、歴史的建築物の価値を継承する上でプラスになるだけでなく、所有者等にとっては、結果的に必要以上に工事に経費をかけずに済むことを意味する。

これを行政の立場から見直すと、これは所有者等に対して経済的な支援を行うことと同等の措置をしたとみなすことも可能である。日本では、所有者等は第Ⅰ章で紹介したような容積率による不利益も受けているので、この措置だけで不利益がカバーできるとは到底思えないが、法律の柔軟な運用によって建物の安全確保を容易にして所有者等の経済負担を減らすという方法は、いたずらに行政が金銭的な負担を負わずに、所有者等を支援する方策として参考になる。

(7) 仕様規定と性能規定

専門家の間では、日本の建築基準法、消防法がそもそも、建物の新築ばかりを想定していて、既存建物の改良を考慮していないという批判も多い。実際に、法に基づいて認められている構造、材料や設備等にあわせて歴史的建築物を改修すると、価値を大きく失ってしまうおそれがあること自体が、その実態を表しているともいえる。

また、近年話題になっている耐震改修や、バリアフリー化の改修を促進するための「建築物の耐震改修の促進に関する法律」（平成七年制定）や、「高齢者、身体障害者等が円滑に利用できる特定建築物の建築の促進に関する法律」（平成六年制定、平成一八年に「高齢者、障害者等の移動等の円滑化の促進に関する法律」に改訂）でも、法による改修時には建築基準法の一部について適用を除外することができると規定されている。このことは、いかに建築基準法が既存建物の改修に適していないかを端的に物語っている。

この問題については、建築基準法、消防法ともに、少しずつではあるが、改善の方向にある。例えば、かつては、古い建物を転用する場合に、転用後の用途にあわせた構造や設備等の改良をすべて一時に行わなければならなかった。ところが、近年の法改正によって、改良のための将来計画を示せば一部の改良でも建物の転用が認められる道が開かれている。

また、法に基づいて認められる構造、材料等が限定的と記したが、かつては法令に記された構造、材料以外は原則として認めない形だった。これは建物の仕様を限定してしまうため、「仕様規定」と呼ばれる。ところが、これも近年の法改正によって、一定の性能要件を満たすことが証明できさえすれば、それまで法令に記されていなかった仕様であっても、その使用が認められるようになった。これは、性能要件を満たすことが使用の条件となるため、「性能規定」と呼ばれる。

こうした仕様規定から性能規定への変化によって、かつては法の適合の対象とされなかった仕様、例えば歴史的建築物に使われている仕様も、現代的な性能をもつものとして、広く認められ

写真は関西木造住文化研究会による再生町家
（西陣　天保年間創建・2000年再生）

火災に強い京都の町家をつくる試み（NPO木の建築フォラム「NPO木の建築6」風土社　2003）

る道が開かれた。実際に、京都では、地震や火災に強い伝統構法を使った町家をつくる取り組みが行われており、その性能が公的に認められている。前項でみたように、欧米諸国で歴史的建築物の安全確保に柔軟な対応がなされているのも、この性能規定の考え方に基づいた運用が柔軟になされているからだということになる。

⑻日本の性能規定の問題点

近年の法改正によって、歴史的建築物の耐震化や不燃化に向けた改良への道は、相当に明るいものになってきた。とはいえ、日本では未だに残された問題点も少なくない。そのひとつに、歴史的な仕様を含めこれまで認められていない新たな仕様の性能を認めてもらうために、多大な費用と手間を要することがある。つまり、法的な道は開かれているが、性能の認め方そのものが柔軟ではなくきわめて限定的という問題がある。

例えば、建築基準法について、ひとつ新しい仕様の性能を認めてもらって各所で使うためには、国土交通大臣による官報への告示が必要で、そのためには実物大実験を含むような科学的データを用いた証明が必要になる。こうしたデータをつくるには、相当の費用がかかる。新しい製品のための実験であれば、これから大量に製造して売る見込みがあるので、メーカーが実験等の費用を予め負担し、製品販売後に負担を取り戻すということも可能である。これに対して、歴史的建築物に使われているような仕様は、大量生産には適さず、地方によっても各地各様の違いがある。このため、費用負担は、そのまま実験する者に降りかかってくる。また、様々な仕様ごとに同じような実験を繰り返して行わなければならないことになる。これでは、理論上は可能でも、ほとんど実現不可能ということになってしまう。

こうしたときに心強いのが、研究者の存在である。実際に、阪神淡路大震災以降、伝統的な木造建築の耐震性能の評価に関する研究は、飛躍的に進んでいる。これは、木造建物に多くの被害を生んだ阪神淡路大震災によって、研究者が伝統的な木造建築の性能に強い関心を示すようになったためである。今後、歴史的建築物を保存していくためには、保存に有効な性能評価を行う研究者の数や研究データの数を増やしていく必要がある。

とはいうものの、研究者の努力にも限界がある。研究の進展も、国などの公共による支援や、企業による協力の有無によって、大きく左右されるからである。例えば、阪神淡路大震災では文化財である歴史的建築物にも大きな被害が出たことから、文化庁がその耐震対策のために予算を投じた。その結果、平成一一（一九九九）年には先にも紹介した「重要文化財（建造物）耐震診断指針」が出されている。研究者の関心に加え、こうした国の関与も、伝統的な木造建築の耐震性能の評価に関する研究が進んだ一因となっているのである。

伝統的な木造建築についてはともかく、それでは都市の歴史的建築物についてはどうだろうか。それらは近代建築であり、近代になってから使われ始めた新しい材料や構造も使われている。このため、その構造や仕様は伝統的な建築物以上にバラエティーに富んでいる。その性能評価や科学的な解明が進んでいるとはとても言い難い。

このような状況を考えると、実験結果に基づいて正確な性能評価を定めていくことも必要だが、それだけでは限界があると言わざるを得ない。やはり欧米諸国のように、建物の構造や材料の性能だけに基づかない、利用方法への評価や管理方法への評価を含めた、柔軟な対応が可能な性能評価方法の確立が、歴史的建築物の保存のためには必要であると筆者は考える。

⑼古い建物の安全性能の評価

日本の性能規定の問題点を指摘したが、年数を経過した建物のもつ安全上の性能を、今よりいっそう科学的かつ客観的に評価するための努力が必要であることも間違いない。日本では、先にみた伝統木造の耐震化に向けた研究等の一部を除けば、これまでその取り組みも非常に遅れている。

例えば、比較的に進んでいる耐震化を例に考えてみよう。近年、地震による被害が生じるたびに、古い建物が集中的に被害を受けているという報道がなされる。このため一般には、「古い建物＝耐震性能が劣る」というイメージをもたれがちである。確かに、耐震性能が劣る古い建物も数多く存在するが、古い建物のすべてが弱いわけではない。科学的かつ客観的に評価すれば、ごく当り前の話だが、古い建物にも耐震性能が高いものと低いものの両方がある。

近年の研究で、伝統的な構法を使った建物でも十分な耐震性が得られることも証明されてきている。それにもかかわらず、「古い建物＝弱い・劣る」という悪いイメージが蔓延しているのは、年数を経過した建物の性能評価に対する科学的な取り組みが、それだけ遅れていたからだと思われる。そして、こうした取り組みが遅れた理由のひとつに、先に述べた建築基準法の適用除外措置の上に歴史的建築物の専門家たちがあぐらをかいていたことがあると考えられる。また、第III章で詳しく述べるが、日本の歴史的建築物の保存が、建物を現役の施設として利用し続けながら保存するといった観点を欠いていたことも、その原因のひとつといえるだろう。

欧米諸国では、歴史的建築物を利用し続けるための研究についても、熱心な取り組みが行われている。例えば、筆者が実見したものを紹介すると、ドイツでは、旧市街地にあるような歴史的な木造建物について、どのような改修を行えば、歴史的な価値を継承しながら快適な室内空間を

ドイツ・ヘッセン州の野外博物館

同内部で行われている実験

得て現代的な生活が可能になるのかを、州の野外博物館に移築した保存建物を使って実験研究をしていた。また、現地の担当者から聞いたところによれば、ＥＵのプロジェクトとしても類似の試験研究を進めているとのことであった。

日本でも、近年、伝統木造構法の耐震化に関する研究のほか、伝統木造構法の防火性能の向上や検証、土壁がもつ吸湿性や吸着性に関する性能評価といったことに関わる研究が進みつつある。けれどもこれらは、個人や各種団体の個別の努力に負う部分が大きいものがほとんどである。今後は、ドイツやＥＵのように、そうした取り組みが国家規模のプロジェクトとして進められることが望まれる。

年数を経た建物に対する科学的評価のなかでも、日本で最も遅れているもののひとつに、年数が経過した建物の各部分についての性能に対する評価がある。けれども、年数を経過した部分の評価は簡単ではない。なぜなら、年数が経過したものの性能は、利用状況、管理状況、メンテナンスの状況等によって劣化の状態が大きく異なり、その影響が大きくあらわれるからである。仮に全く同じ建物であっても、所有者が違えば、利用状況、管理状況、メンテナンス状況が異なり、性能も違ってくるのである。

したがって、経年後の性能を、一律に定めることは困難である。これらの性能を評価するには、客観的に個別の性能の判断ができる科学的な診断方法を定めていく必要がある。同時に、そうした個別の診断を的確に行うことができる専門家や機関を育成していくことも必要である。欧米諸国では、科学的な性能評価に熱心に取り組んでいるだけでなく、その診断に関わる専門家も大きな役割を果たしている。

日本でも近年、この状況も少しずつではあるが改善されつつある。例えば、中古住宅を含む住宅全般について、その性能を評価するための方法を定めた法律（「住宅の品質確保の促進等に関する法律」平成一一年制定、既存住宅については平成一四年から制度を運用）が制定されている。そして同法では、その性能の評価を行う機関も定められている。これにより、住宅については、古いものを改修した場合の性能の評価方法とその評価を行うための専門機関が定められたことになる。

けれども、この法律も十分なものとはいいない。なぜなら、新築住宅の性能を保証することに主眼が置かれているからである。また、性能評価の方法も、比較的に建設年代が新しい中古住宅のみを想定して決められており、歴史的建築物の性能を評価することは想定されていない。また評価方法には、経年後の建物がもつ個別多様性に対する性能評価の視点も含まれておらず、むしろ、仕様の定まった一律な手法のみを評価する形になってしまっている。これでは、評価されるもの以外（歴史的建築物を含む）は安全ではないという誤解を招きやすく、かえって古い建物を残しにくくしている面も否定できない。

⑽古い建物の資産上の評価

古い建物に対する評価として、建物の性能評価以上に問題なのが、資産としての建物に対する評価である。建物は固定資産としての価値が認められているので、法人による建物への投資は、税法上の減価償却の対象となる。日本では、この投資上の建物の扱いと、資産としての建物の価値が同一視されており、価値の指標となる建物の価格は、新築時に最も評価額が高く、建設後の年数が経つほど評価額が低く扱われているという形になっている。その結果、歴史的建築物のように、建設後の年数が相当に経過している建物については、資産としての価値がほとんどないものとして扱われているのである。

こうした評価は、法で定めた公的な保険制度である地震保険における建物の財産としての評価にも適用されている。この評価方法の下では、年数が経っていると、建物の質や性能がどんなに良好に保たれていても、全く評価されないことになる。年数の経った建物の評価が低いから古い建物が壊されるのか、古い建物がすぐ壊されてしまうので評価が低くなるのか、どちらが鶏でどちらが卵かわからないが、この評価も歴史的建築物を保存継承する上で、不利に働いていることは間違いない。

欧米諸国でも、建物に対する資産上の投資については、減価償却の考え方は存在する。けれども、保有資産としての評価額や保険契約上の価格が、経年による減価償却とともに自動的に低下するという考え方は必ずしもとられていない。これは、不動産として歴史的建築物を売買する場合や賃貸する場合でもそうである。例えば、イギリスなどでは、歴史的建築物の方が新築の建物よりも高額で取引されるといった話はよく耳にする。

欧米諸国の保険に注目すると、筆者がヒアリング調査を行った会社では、古くなった建物については、同質のものを新築した場合にかかる費用である「再調達価格」で通常は評価されている。このため、歴史的建築物についての再調達価格も実際に同じ程度のものを再建するために必要な費用から算定されている。歴史的建築物は、太い木材や豪華な彫刻を使っていることが多く、入手しにくい部品や材料を使用しているということで、その評価額は高くなる形である。

欧米諸国の保険制度のなかで、もうひとつ興味深いのは、再調達価格の算定にあたって、経年によって劣化が進み評価額が低下するという機械的な計算をするのではなく、実質上のメンテナンスの良否の質を問う計算方法がとられていることである。つまり、メンテナンスの状況がよければ、年数を経た建物でも相当の額で評価され、反対にメンテナンスが悪いと、それだけ価格が低くなるのである。

ちなみに日本の固定資産税における古い建物に対する評価額は、再調達価格に経年による減価率（予め定められている）をかける形で決められる。そして、歴史的建築物のようなものについては、観察による評価や減価も行う形となっている。再調達価格、観察評価という点は欧米諸国と共通するようにみえるが、この方法によっても、新築建物に対して歴史的建築物のような古い建物の評価が低くなることは避けられない。

⑾古い建物の評価と専門家

再調達価格を正確に計算したり、メンテナンスの良否を判断したりするとなると、保険会社としては、建物の細部を正確に把握したり、建物を定期的に調査したりする必要が出てくる。そして、正確な把握や定期的な調査を行うためには、建築家や技術者のような専門家の手が必要になる。そこで実際に欧米諸国では、保険会社やその関連会社に専門家が雇用されており、保険に加入した建物の再調達価格の計算や定期的な建物調査、建物のメンテナンスや設備に対するアドバイスを行っている。

専門家が関与するのは、資産としての評価だけではない。改修工事を行う場合も同様である。改修工事では、設計に関わる建築家や技術者が、専門家として歴史的建築物の劣化の状況や不足する安全性能を判断する。同時に、工事においてどのように安全関連の法令が要求する内容を満足するのかについても判断する。所有者等は、この専門家の設計や判断を信頼して、工事を行うことになるのである。

このため欧米諸国では、専門家の役割は非常に重要である。実際に欧米諸国の専門家の地位は高く、彼らに対する信頼が、歴史的建築物の保存継承をしていく上で大きな役割を果たしているといえるのである。

これに対して日本の状況は大きく違っている。保険制度だけをとってみれば、近年、保険の自由化にともない、年数を経た建築物についても一定の価格で評価する商品も登場している。とはいえ、その価格の算定方法はきわめて機械的なもので、個別の仕様やメンテナンス状況といった手間のかかる判断をなるべく省くような形で行われている。また、保険会社に雇用されている専門家の数もごく少数のはずである。さらに大きな問題は、建築家・技術者といった専門家の地位もさほど高くなく、その信頼度にも疑問符がつく点である。実際に、先ごろ起きた姉歯建築士による耐震偽装事件を契機にして、建築士への信頼は大きく揺らいでしまった。

それでは、欧米諸国には姉歯建築士のような専門家はいないのだろうか。実は欧米諸国では、姉歯建築士のような専門家が出現しないような措置もそれなりにとられている。

まず、別の専門家が専門家の業務内容を事前にチェックして過失を予防するという方法がある。古い建物に対する保険会社による保険額の決定は、安全に対する備えによって変わってくるので、保険会社の専門家による建物の査定も、この意味をもっている。例えば、火災報知器がついていれば、火災保険への加入費用は減額される。

とくにイギリスでは、専門家が行う新築工事や改修工事に対して、工事主である所有者等が事前に別の専門家を雇い、工事の内容や質の妥当性をチェックする方法が普及している。このチェックを行う専門家はサーヴェイヤーと呼ばれる。イギリスのサーヴェイヤーについては、日本の不動産鑑定士や土地家屋調査士に該当する者として紹介されることが多い。けれども、そうした職能だけでなく、建築士に匹敵する技術的な職能を備えており、工事チェックの役割を果たしているのである。

サーヴェイヤーに業務を依頼するのは義務ではないので、イギリスでは安全を守りたい所有者等は、あくまで自己責任で自らの安全を守る仕組みになっている。また、サーヴェイヤー自体の専門家としての資質を保証するために、王立サーヴェイヤー協会（ＲＩＣＳ）という公益団体が、

RICS＝王立サーヴェイヤー協会本部（ロンドン市）

一定の資質を備えたサーヴェイヤーの登録を行っている。これも公益団体による自主的な措置で、法律で定められたものではない。ちなみに、ＲＩＣＳに登録されたサーヴェイヤーとは異なるが、イギリスでは保険会社に属する専門家もサーヴェイヤーと呼ばれることがある。これは先述のように、彼らも専門的な調査や査定を行うことによる。

次に、保険によって専門家による過失を回復する方法がある。代表的なものに、所有者等に引き渡した建物に、竣工後の一定の期間内に欠陥が生じた場合、その欠陥による所有者等の損失を保険によって補償するという仕組みがある。この欠陥を「瑕疵（かし）」と呼び、この保険を「瑕疵担保保険」と呼ぶ。この保険に加入するのは、専門家や建設業者といった工事関係者である。フランスやドイツでは、この保険が法律で定まっており、工事関係者はこの保険に加入する義務がある。フランスでは一〇年間、ドイツでは一年間が法律で定める補償期間となっている。ちなみに、フランスでは、所有者等を保護するため、損害額が工事主に即時に支払われ、瑕疵について責任者がいる場合には、保険会社が責任者に対して支払額を請求する形がとられる。したがって、姉歯建築士のような故意の過失の場合には、保険会社から建築士に高額な支払請求がくることになる。専門家は自ら多大な負債を抱えたくないはずであり、それが専門家による悪質な行為の抑止力になるという考え方である。

さらに加えるなら、欧米諸国では、フランスやドイツにおける瑕疵担保保険のような義務化された保険はむしろ例外的で、保険には様々なものが存在している。イギリス、アメリカはとくにそれが顕著である。このため、工事主はどのような保険に入れば安全や安心を得られるのか、選択に迷うことになりかねない。そこで欧米諸国では、適正な保険への加入をアドバイスする保険の専門家（ブローカーと呼ばれる）が存在する。ここでも、安全や安心を得るために専門家が大きな役割を果たしているといえる。なお、日本でも保険の自由化にともない、平成八年に保険仲立人制度が導入されているが、建物の保険に専門的な立場からアドバイスをしている仲立人はまだ少ないのではないだろうか。

⑿日本の専門家と欧米諸国の専門家

日本でも、姉歯建築士による耐震偽装事件を契機に、様々な法制度が改正された。例えば、建築基準法が改正され、多くの人々の安全に関わる特別な建物については、安全性に関わる設計に対して、設計に当たった建築家や技術者とは別の専門家がそれを審査する制度が義務化された。また、損害を受けた建物の所有者を保護するために、法律に基づく住宅の不動産取引に関わる保険の制度が改正された。これによって、建物が新たに竣工した後の一〇年間の瑕疵について、所有者等の損失が保険によって補償されるという仕組みが確立した。このように日本にも、欧米諸国に似た仕組みができあがったことになる。

それでも詳細をみると、欧米諸国と日本の仕組みには、なお様々な違いが存在することに気がつく。

まず、専門家によるチェックについては、イギリスでは建築主の自己責任によるものであったが、日本では法律による義務とされている点である。つまり、イギリスではチェックする専門家の能力を信頼して建築主は仕事を依頼することになるが、日本ではむしろ専門家が信頼できない前提で法律手続きを慎重にしているわけである。同時にイギリスでは、所有者等の自主判断が要求されるが、日本の所有者等は、自らの判断は問われず、単に法律に任せていればいいだけのきわめて楽な仕組みである。

次に、欧米諸国の保険では、建築に関わる多くの専門家が責任者として保険に加入するのに対し、日本の保険では、不動産業者と建設業者が保険に加入し、設計や工事に加わった多くの専門家が保険に加入していないことである。日本では専門家が責任をもつのではなく、不動産業者がその責任を代行し、専門家を監視するような形（不動産会社には、本来は技術的な専門能力はない）となっているのである。この点は、欧米諸国と日本の専門家の立場の違いをよく示しているといえる。

さらに、欧米諸国の瑕疵担保保険制度では、新築と改修は同じ扱いがなされている。これに対して日本の保険制度では、新築の建物だけが保険の対象とされており、既存建物を改修する工事の場合には対象とならない。改修工事については、不動産業者による仲介のないものが多いので、これはやむを得ないことではあるのだが、新築と改修が別に扱われてしまうのは、先に述べた安全関連の法令が改修工事に適用しにくいことにも通じているように思える。

なお、日本においても、改修工事に関する過失の補償については、不要な工事が行われたような場合や手抜き工事による場合には、商取引における違法契約として取り締まり、消費者としての所有者等の保護を図り、悪質業者を排除する方法を現在検討中とのことである。また、中古住宅の改修工事については、国の法で認められた性能保証機関による性能保証を受けたにもかかわらず、保証期間内に瑕疵が生じた場合には、所有者等が建設業者に対して損害賠償を請求するための訴訟費用が軽減されるという仕組みが、中古住宅の性能保証を定めた制度のなかにある。つまり、日本では、改修工事に関しては、専門家への信頼とはさらに縁遠いものとなってしまっているのである。

⒀日本の安全管理と欧米諸国の安全管理

日本と欧米諸国における専門家の立場の違いをみてきたが、それでは、両者に違いが生じたのはなぜだろう。

それは何も姉歯建築士のせいだけではない。その大きな理由のひとつに、安全に対する認識の違いがあるように思われる。そしてそれは、先に述べた性能規定において、日本で柔軟な対応がとれないことにも関係しているし、所有者等が法律に任せていればきわめて楽ができることにも通じている。

仮に建物に不測の事故が発生したときのことを考えてみよう。日本では、安全に関わる法律や制度に何らかの欠陥や不備があったのではないか、もしくは、より厳格な法による規制があれば事態は未然に防げたのではないか、といった報道がなされることが多いのではないだろうか。これは、たとえ不測の事故であっても、安全に関わる基準や制度を定めていた行政に、安全を確保できなかったことに対する責任があるという考え方に基づく。つまり、専門家に問題があったとしても、それは個別の専門家の責任よりむしろ、専門家を監督する法制度の問題として扱われてしまうのである。姉歯建築士の事件は、その典型例といえる。

つまり、日本では行政に依存し、法制度によって安全を確保するという意識が強いのだ。このような仕組みの下では、法制度の問題を指摘されればされるほど、行政は法制度の運用に慎重にならざるを得ない。日本の性能規定において、性能を新たに認めるような措置に対して、限定的な運用がなされているのはこのためである。仮に柔軟な措置をとって、その結果が事故につながったとすれば、行政は批判にさらされることになるので、それだけ運用に慎重になるし、かつ、批判されないような慎重な手続きをとるのである。

これに対して、欧米諸国はどうだろうか。欧米諸国では、施設の安全管理や施設内で発生する不測の事故に対して、施設の使用を認可する行政だけではなく、実際に建物を使い管理する所有者等が、応分の責任を負うといった認識が常識化している。欧米諸国で柔軟な措置がとれるのは、このためである。国によってはイギリスのように、建築物の安全管理については、もっぱら所有者等が責任を負うことを法に明文化しているところもある。イギリスにおいて、専門家によるチェックが所有者等の自己責任で行われていたのも、このような理由による。

つまり、利用人数の制限や特別な避難計画、特別な設備の設置といったものが認められるのは、所有者等の責任においてそれがなされるという考え方に基づいているのである。実際にそれらの措置は、行政からの規制によって決められているのではなく、所有者等の申請に基づいて認められているという形がとられている。

ところで、欧米諸国の安全管理において所有者等の自己責任が強く問われるとすれば、リスクを回避するため、所有者等は古い建物ではなく新しい建物を選ぶのでは、と考えられる読者の方もいることだろう。ここで大事なのが、先述したように、古いものであっても安全性能が認証されていることである。また、古いものを残しても構造や材料の変更を大幅にしなくてよいので、経済的な負担が少なく済むことが、残すための動機として有効に働いているのも先述した通りである。

これに加えて、所有者等にとって古いものを残す上で心強い支えとなっているのが、リスクを回避するための保険制度と専門家の存在である。欧米諸国では、工事や安全管理に関わる専門家も、建物の安全に対して重い責任の一端を担う形になっているのである。専門家が責任をとるということは、簡単なことのようだが、いざとなったら大変である。なぜなら、その責任に見合うだけの賠償をしなければならないことがあるからだ。

このため、欧米諸国では、専門家の地位が高いだけではなく、その報酬も高くなっている。さらに、技術上の問題によって専門家が建築主に損害を与えてしまった場合に、その損害を補償したり、関連する訴訟に備えたりする、専門家の立場を守るための保険制度も発達している。日本でも類似する保険として、例えば「建築家賠償責任保険」が存在する。ただし、その加入率は低く、専門家の地位や立場を守るというよりも、その名の通り建築家の過失によって発生した損害額を支払うことに主眼が置かれており、建築家に過失の責務があることを前提とした形である。これに対して、イギリスの専門家用の保険では、建築家が自らに過失がないことを主張して訴訟で争う費用を保証することにむしろ主眼が置かれており、建築家が過失の責務を負うような設計をしないことを前提としている。

さらに日本では何より、所有者等が保険加入者を重視して業務の依頼をするといった習慣も必ずしも浸透していない。日本ではむしろ、専門家は賠償能力がないものとして扱われており、このため先ごろ法律で定められた瑕疵担保保険制度でも不動産業者がその役を果たす形になっているのだ。

⒁法令依存症の国「日本」

本来法令が課す規制は、必要最小限の安全で良いはずである。現代のように、規制緩和という考え方を重視するのであれば、なおさらである。この考え方は建物の安全に対してもあてはまる。実際に、日本の建築基準法では、「国民の生命、健康及び財産の保護」を図るための「最低の基準」を定めるとその条文に記されている。より具体的にいえば、建築基準法が求める安全は、災害時に建物が「倒れない」程度に強度の基準を定めており、決して「壊れない」強度を求めてはいない。

したがって理屈だけからいえば、建物の十分な安全を確保するためには、法に従うだけでは不十分で、その他に建築主の自己責任によってさらに安全度を高める努力が必要なはずである。この考え方は万国共通であり、欧米諸国の保険制度や専門家の役割は、法以上の部分の安全に深く関わっているということになる。

ところが先に述べた通り、日本では、建物の安全については、法令によって十分な措置を確保すべきと考える傾向が強い。例えば、建築基準法に適合していた建物が、大地震で倒れはしなかったが、ひどく壊れてしまったとしたらどうだろう。一般の人々やマスコミの意見は、法令の不備を批判するか、建てることを認可した行政が責任をとるべしという声が大勢を占めるに違いない。そして、行政は責任をとらないかわりに、必要最小限という法が定める限度を高める形で規制を強化するのだ。

このため日本では、法令が求める水準が勢い高くなったり、手続きが複雑化したりする傾向が強い。その弊害として、法令の最低限度とは別に存在するはずであった自己責任による安全の確保という意識が失われてしまっているようにすら思える。建築基準法の性能規定の限定的な運用は、最低限度のハードルが高すぎるため、性能そのものを認めることに慎重になってしまっている典型例であろう。技術政策を専門とする長岡技術科学大学の三上喜貴教授は、建物に限らず各種の安全の確保に対して、日本は先進国のなかでもとくに法令の手続きや基準に依存している傾向が強い国だと指摘している（「安全安心社会を構想した明治の先駆者達」――「生活安全ジャーナル」第3号、二〇〇六年一一月）。まさにその通りである。

建物の事故は法令への批判を生み、それが行政の慎重な対応を生むだけでなく、結果的には、法令が求める性能水準の引き上げや手続きの複雑化といった、いわゆる「規制の強化」を生む。姉歯建築士による耐震偽装事件の結果、建築基準法等の関連法令が改正になったことは記憶に新しい。実際に、建築基準法等の安全法令の歴史を振り返ってみると、事故や事件のたびに基準や手続きが変えられ、規制が強化されていることが多いことに気がつくはずだ。近年も、姉歯建築士の事件に加え、エレベーター、ジェットコースター、スパなどの事故を契機にして、建物に関わる安全関連の法令が改正されている。

むしろ、気をつけなければならないのは、これからも建物に何かの問題が発生するたびに、法令への批判が出され、基準が強化されたり手続きが複雑化したりし続ける可能性が高いことである。なぜなら、基準を高め、手続きを複雑化することが、行政にとって人々の批判に応えたことになるからである。

基準が高まり手続きが複雑化すると、専門家の立場はどうなるだろうか。一見大変で複雑な仕事をしなければならなくなるため、その地位は上がるようにも感じられる。ところが実際には、基準と手続きにあわせる仕事で手一杯になり、個人としての創意や工夫の余地が少なくなってくる。こうなると、専門家の仕事は単なる複雑な書類の代書屋的な存在になってしまい、一定の能力があれば誰がやっても同じ仕事をやるだけのことになってしまう。創意工夫にあふれ責任ある仕事をする本来の専門家の立場は、全く失われてしまうのだ。これこそ、専門家の地位が高くない日本の実情だ。

欧米諸国では行政の責任を一定限度に押さえ、そのかわりに保険制度や専門家の存在によって安全を確保している。このため、個別の評価や創意工夫が必要になる歴史的建築物の改修が実現しているし、専門家の地位と職能が確立しているのだ。これに対して、過度に法令に依存する日本では、専門家の仕事は一律化しており、特別な方法や創意工夫が認められるかどうかの鍵を主に行政が握っているのである。そして、行政の決める規制や基準の策定に関わる一部の専門家だけが、地位のある専門家として扱われ、民間の専門家には敬意が払われないのだ。この仕組みの下では、新しい方法や工夫を認めてもらうのに大変な手間がかかる。このため、機械で造るような大量生産品なら、その後に製品に価格を上乗せして手間分の費用を回収することも可能だが、歴史的建築物の改修のように、個別の対応が必要なものについては、手間に対する費用負担を考えると、その実現が著しく困難になるのである。

⒂法令の改正と既存不適格建築物

筆者は、日本の過度の法令依存の仕組みを変え、欧米諸国に少しならって行政の責任を一定限度に押さえ、自己責任の考え方や保険制度や専門家の役割を見直していくべきだと考えている。一方、読者のなかには、それでもなお、建物の安全を確保するなら、「自己責任よりも法令による方が確実で安心だ」と思われる方がいるかもしれない。そこで最後に、過度の法令依存が、歴史的建築物の保存を困難にさせているだけでなく、他にも弊害を生んでいることを指摘し、その再考を促すことで、本章のまとめとしたい。

まず、過度の法令依存が、既存不適格の建物の増加を生むということである。先にも述べた通り、過度の法令依存は、結果として規制の強化をもたらす。規制強化が法令の求める性能を高める形で行われると、それまで性能を満たしていた建物も既存不適格の仲間入りすることになるからである。この場合には、ごく最近つくられた建物であっても既存不適格となってしまうこともあり得る。

ところが、これも既に述べた通り、現行法規のままでは、既存不適格建築物を適格建築物とすることは容易ではない。近年、歴史的建築物の改修に加え、昭和三〇年代、四〇年代につくられた大型ビルの改修事例も増えてきた。それらの工事に携わった関係者からは、現行法規への適合のために、非常に苦労と手間が大きかったという嘆きが聞こえてくる。なかには、改修するよりも建て替えてしまった方がずっと楽だという声まである。

つまり、現在の日本の法制度のあり方は、歴史的建築物の保存を困難にさせているだけでなく、既存建物の改修も困難にし、いたずらな建物の建て替えへと結びついているのだ。

日本では近年、環境問題が話題になっているが、その大きな問題のひとつにゴミの処理問題がある。日本で出るゴミのうち、建設現場から出る建設廃材が、その多くを占めることはよく知られた話である。いたずらな建物の建て替えは、建設廃材の増加を生んでしまっているのである。

法令依存の仕組みを見直し、個別の評価や創意工夫を容易にしていくことは、歴史的建築物の保存を行いやすくするだけでなく、既存不適格の建物の改修も行いやすくすることにつながる。これは、建設現場から出される建設廃材の減少や建設にともなう新たな資材浪費の節減にもつながる。近年、環境保全の観点から、「二〇〇年住宅」と呼ばれるような長寿命の建物を建設する必要性が叫ばれている。新たな建築物の質も重要だが、それよりも重要なのは、良質な既存の建物をむやみに壊さず改修し、それを永く使い続けていきやすくする仕組みを整えることではないだろうか。欧米諸国の方法を参考に、法令依存の仕組みを見直すことは、このことにつながるのである。

なお、既存不適格の建物が増えるのは、安全に対する法令依存の仕組みがなくても起こりうることなのである。なぜなら、人々の生活の水準や様々な研究の成果は年とともに高まっていくため、建物に要求される性能が年とともに高まるからである。現代の仕組みは、こうした結果によって既存不適格となってしまった建物を使い続けることも難しくしているのだ。

⒃コンプライアンスの危機、日本は本当に安全か？

最後にもうひとつ指摘しておきたいのは、今の日本の法令に依存する仕組みで、本当に安全が確保されているのかという、根本的な問題である。

近年、コンプライアンスという言葉が流行っている。そのせいもあって、建物についても、安全に関わる法令を含めた様々な法令の遵守が、以前よりも厳しく求められるようになってきた。その一方で、多くの人々から、既存不適格の建物を現行法に適合させることをはじめとして、建物について法令を遵守することが意外に大変だという声が聞こえてくる。この原因のひとつに、日本の法令の求める内容や手続きが複雑であることがあげられる。この法令遵守の難しさが、安全の面に関していえば、法令依存という日本の体質から生じる法令が求める水準の高さや手続きの複雑さにあることは、もうおわかりいただけるのではないかと思う。

これに対して、自己責任による安全を求める欧米諸国では、法令の求める水準は、それほど高くない。このため、法令を遵守することは比較的に容易である。その一方で欧米諸国では、例えば安全についていえば、法令が求める内容を満たすだけでは必ずしも万全の安全が確保できたとはいえないので、法令が求める水準以上に安全に対する備えをすることが大きな意味をもってくる。

つまり、欧米諸国におけるコンプライアンスは、単に法令を遵守することにはそれほど意味はなく、法令遵守は当り前で、法令以上にどのような備えをやっているのかが重要な意味をもっているのである。日本では、コンプライアンスは単なる法令の遵守と解釈されているが、欧米諸国では意味が少し違っているのである。このような状況だから、コンプライアンスという考え方を、法令の求める水準が高い日本に持ち込むこと自体に無理があるのだ。建物の安全については、日本では、法令を満たすことに相当の努力が必要で、それ以上のことをするゆとりはないといったところが実情だろう。

ところで日本では、法令によって高いレベルの安全を守っているにもかかわらず、近年、建物の安全に関わる事件や事故がしばしば発生しているし、法令への違反も後を絶たない。耐震偽装事件、エレベーターやエスカレーターの事故、回転ドアの事故、ジェットコースターの事故、建材の性能の詐称事件など、あげればきりがないほどである。日本では、この原因を法令が上手く機能していなかったり、法令に不備があったりしたために起きたものと考えられている。そして、そのたびに法令が改正されていることは既に述べた通りである。果たしてこれで、事件や事故が減少し、法令への違反もなくなるのだろうか。

筆者はそう思わない。法令の求める水準が高くなり、手続きが大変になればなるほど、それを満足させることに手間が必要になるから、それを面倒くさいと思ったり、ごまかそうと考えたりする人が増えるのではないだろうか。そういう人を生まないためには、取り締まりを強化したり、法令が遵守されているか監視したりする必要があるのだが、行政にその人手と能力があるようには思えない。法令が改正されると、行政の手間はそれだけ増えるので、取り締まりや監視に行政がさく時間は減ってしまうのだ。これまで発生した事故や事件も、行政に取り締まったり監視したりする能力がないから未然に防ぐことができなかったのではないか。むしろ、建物についていえば、日本では、法令に適合することを難しくする一方で、出来上がった後しばらく時間が経つと、法への適合や安全への関心が著しく低くなっており、行政もそれを摘発したり監視したりすることには関心がないように思える。

建物の安全に関わる要件は様々である。その様々な要件に応じて、それに関わる法令が存在している。建築基準法や消防法はその代表例だが、その他にも様々な法律がある。本来、これらの様々な要件は、お互いに関係をもっているはずである。ところが、法令依存の体質をもつ日本では、各法令を満たすことに精一杯になってしまっており、それぞれの要件の関わりに、もう目が行き届かなくなってしまっているのではないだろうか。

この関係を桶に例えて、図示したものが、次ページの桶の図である。桶の各板がそれぞれの要件である。そして、桶にたまる水が危険への備えの度合いということになる。この桶板を絞めるたがの役割を果たすためのキーワードが本当の意味でのコンプライアンスということになる。日本では、桶板の高さを高めることにばかり熱心で、各桶板を締める「たが」が緩み、桶板の間か

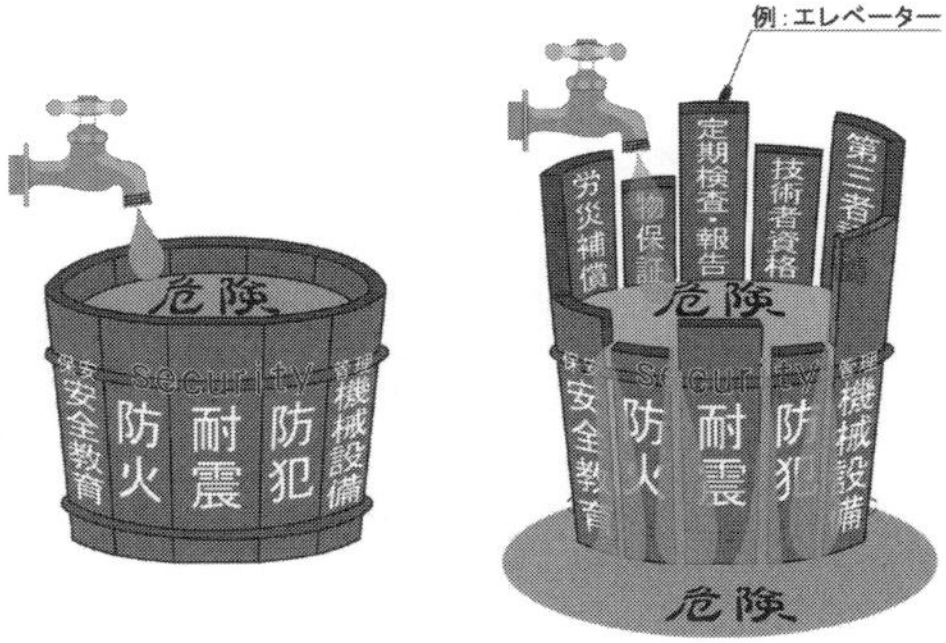

安全管理の桶

ルーアン大聖堂

ら水がもれ出してしまっているのではないだろうか。

このたがを締める役割を日本では行政に依存してしまっているのだが、欧米諸国では、所有者等が自己責任でたがを締めたり、専門家がたがを締める役割を果たしたり、保険制度がたがを締める手助けをしていることになる。法令が求める水準が最低限度に近い欧米諸国では、桶板の高さは低いが、それなりの安全の水が確保できているのではないだろうか。ちなみに、欧米諸国では、法令の求める水準は低いが、法令に違反することへの罰則は厳しく、違反に対する取り締まりについても、日本よりも厳格に行われている。例えば、危険度の高い建物を使っていることに対する行政からの使用禁止命令といったものが厳しく実行されている。フランスの国指定の歴史的建築物（国宝のようなもの）であるルーアン市の大聖堂では、クリスマス等での大人数での使用状況が危険だということで、市から使用中止の勧告や命令が出されたとのことである。欧米諸国では、これもたがを締める役割を果たしている。

事件や事故のたびに、日本では、個別の法令の規制が強化されている。この結果、法令を満たすことが難しくなり、ますます安全の水漏れが起きやすくなってしまっているように筆者には思えてならない。安全に対する認識や、専門家の地位や役割を高めるといったことは、これまでの慣例もあるので、変えろといってもそれは容易なことではない。けれども、そろそろ事件や事故の責任を、法のあり方や行政の姿勢ばかりに求めていく体質は、改めていく必要があるのではないだろうか。

コラム③　経済的評価を得ている歴史的建築物

歴史的建築物に対する意識は国それぞれで大きく異なっています。私が三五年前にカリフォルニア大学にいた頃、各国の留学生と農村地域に行って、古い学校の建物や木で作られた屋根付きの橋を見学しました。これらは歴史的建築物（一〇〇年たっているので）に指定されていますとの説明を受けたとき、私がこれが歴史的建築物かと思っていたら、隣のモスクワから来ていた留学生も同様に感じたとのことでした。すなわち、歴史の浅いカリフォルニアでは確かに一〇〇年を越える建物が歴史的建築物として保存されていたことが、懐かしく思い出されます。また一昨年行った北京では二〇〇年前、三〇〇年前に建てられた地区（胡同）は周りから取り壊しが始まっている姿を見て、歴史的建築物に対する考え方の違いを感じました。ヨーロッパでは歴史的建築物は国家的に保存の仕組みができていますが、我が国ではこれと同程度の保存の仕組みはできておりません。特に事務所ビルにおいては所有者の意図で保存か、取り壊しかが決まってしまいます。特に近年は事務所ビルの高層化が収益を生むことから、取り壊され超高層の近代的な事務所ビルに変身しています。この根底には、近代的な超高層事務所ビルは事務所賃料が高く、歴史的建築物はたとえ歴史的価値（社会的価値）があってもその賃料は低い、ということがあります。これを受けて、歴史的建築物が建っている土地の価値も低く見られ、「取り壊し最有効」、すなわち建物を取り壊した方がその土地の価値が高く評価される構造になっています。

ロンドンの中心街には、古い建築物と近代的な超高層オフィスビルを見ることができます。全体的には古い中層の建築物しか見られない地域が大半を占めるけれど、シティと呼ばれる金融機関が入居している超高層事務所ビルが林立する地域、ドックランドと称される高層建物が林立する新規開発地域。このようにロンドンでは、地域により事務所等の建築物の高さは異なっています。

ロンドンの主要な事務所街はシティとウエストエンドと言われています。シティの中心は、イングランド銀行（この建築物は古い）周辺は近代的な超高層事務所ビル街です。一方、ウエストエンドは旧来からの中層事務所ビル街です。それぞれの地域における賃料はどのようになっているのか、日本的な考えでは近代的な超高層事務所ビルの賃料が高く、中高層の伝統的な石造りの事務所ビルは安いと考えるのが一般的と思いますが、ロンドンの事務所賃料はその立地する地域によって異なり、最も賃料の高い地域はウエストエンドであり、シティの近代的な超高層ビルの方が安くなっています。また、ドックランドと言われるシティの対岸の大規模な開発地域には近代的な超高層事務所ビルが林立していますが、当該地域の事務所賃料は前者に比べ更に低いのです。このようにロンドンでは事務所ビルの効用に比べ、旧来の町並みに立地する事務所ビルに対する評価が大きい点は我が国とは大きな違いが見られます。

なお、ロンドンの事務所賃料の決まり方は我が国と異なっており、事務所ビルはスケルトン（内装は全て借り主負担）であることと、固定資産税も借り主負担（我が国はビルオーナーが負担）です。また、契約期間は一〇年から二〇年で、契約した段階で決めた賃料が下限値（上がることはあっても下がることはない）と、ビルのオーナーに有利な契約内容になっています。

［山本忠］

Ⅲ　文化財保護法の失敗

(1)文化財保護法と文化財のイメージ

日本において、都市の歴史的建築物や美しい町の風景を保存し継承していくためには、国土の高度・効率的利用、防災や安全への対策というふたつの大きな課題との調整を行う必要がある。国土利用や防災や安全への対策が、国のつくった法制度により推進されていることを考えると、両者との調整のためにも国の法制度による助けが望まれるところである。

そこで、歴史的建築物や美しい町の風景の保存継承を助けるための法律を探してみると、その代表的なものといえるのが、文化財保護法と景観法である。文化財保護法は、昭和二五（一九五〇）年に制定された法律で、既に長い歴史をもっている。景観法は、平成一六（二〇〇四）年に制定された比較的に新しい法律である。つまり、近年までの長い間、歴史的建築物や美しい町の風景を残すための力になってきたのは、主に文化財保護法だったことになる。そこで、本章では、長い歴史をもつ文化財保護法が果たした役割とその問題点について振り返ってみることにしたい。

結論から述べれば、文化財保護法の歩みは、都市の歴史的建築物の現状からわかるように、失敗の歴史ということになる。もちろん、文化財保護法が、様々な面において貴重な歴史的建築物の保存に貢献してきたことも事実である。その貢献については、他にもいろいろなところで紹介されているので、ここではあえて、その失敗に注目したい。なぜなら、将来の成功のためには、過去の失敗を直視することが、早道となるからである。

ところで、文化財と聞くと、読者の皆さんは何を思い浮かべるだろうか。法隆寺金堂・五重塔や姫路城天守のような古い時代の宝物的なものをイメージしてしまい、本書で扱っている都市の歴史的建築物や美しい町の風景を思い浮かべる人は少ないのではないだろうか。けれども、都市の歴史的建築物や美しい町の風景は、れっきとした文化財として保護されているのである。後にも触れるが、実は、このイメージと実態の乖離が、文化財保護法に関する最大の失敗のひとつなのである。

文化財保護法には、様々な種類の文化財が定義されている。そして、歴史的建築物については、主に、「有形文化財」という分野のなかの「建造物」として、保護の対象となることが規定されている。建築物ではなく「建造物」とされているのは、建物の他に、塀・門のような工作物や橋・ダム等の土木構造物も保護の対象に含まれるためである。具体的な有形文化財としては、文部科学大臣が指定する国宝・重要文化財と、同大臣が登録する登録有形文化財がある。国宝・重要文化財は、既にご存知の方がほとんどだと思うが、登録有形文化財（以下「登録文化財」と略す）の方は、平成八（一九九六）年に文化財保護法の改正によって導入された比較的新しい文化財である。

美しい町の風景については、文化財保護法では、「伝統的建造物群保存地区」として保護の対象とすることを規定している。こちらは、市区町村が条例によって地区を指定する形で、そのなかで国が一定の価値があると認めた地区が、文部科学大臣によって「重要伝統的建造物群保存地区」に選定される（以下それぞれ「伝建地区」「重伝建地区」と略す）。この伝建地区を都市計画区域内に定めようとする場合には、都市計画法上の地区決定手続きも行わなければならない。この伝建地区並びに重伝建地区に関わる制度は、昭和五〇（一九七五）年の文化財保護法の改正によって導入されている。平成一九年一二月現在、合計八〇地区が重伝建地区に選定されている。また、この伝建地区の制度の他に、最も新しい平成一七年の法改正によって、「重要文化的景観」という新しい文化財が加わった。こちらも、美しい町の風景のようなものを保護の対象とすることができる仕組みになっている。

伝建地区の例、岐阜県白川村の合掌造集落

このように、文化財保護法では、単体の歴史的建築物を保護する仕組みと、地区という単位で町の風景を保護する仕組みの両者が整えられている。法律によって、単体の建物と地区というふたつを保護の対象として特定するのは、欧米諸国でも同様で、万国共通の手法といえる。

したがって、日本の現状は、それなりに制度的には整っているといえる。それにもかかわらず、実態がともなっていないことになる。文化財保護法は、仕組みとしては整っているのに、都市の歴史的建築物や美しい町の風景が次々に失われることに対する歯止めにはなっていないのである。なぜ、文化財保護法は、都市の歴史的建築物や美しい町の風景の保存に大きな力をもち得なかったのか。それを知るためには、文化財保護の歴史を振り返ってみる必要がある。

(2)歴史的建築物や美しい町並は文化財の脇役

文化財と聞くと、古い宝物のようなイメージがしてしまうのは、なぜだろう。それは、文化財保護法で保護されている文化財が、歴史的建築物や美しい町の風景だけでなく、彫刻や絵画のような美術工芸品や、古墳や古戦場のような古い遺跡も含んでいるからだ。含むというよりもむしろ、美術工芸品や遺跡が文化財の主役であり、歴史的建築物や美しい町の風景が脇役だから、宝物的なイメージになってしまうのだ。

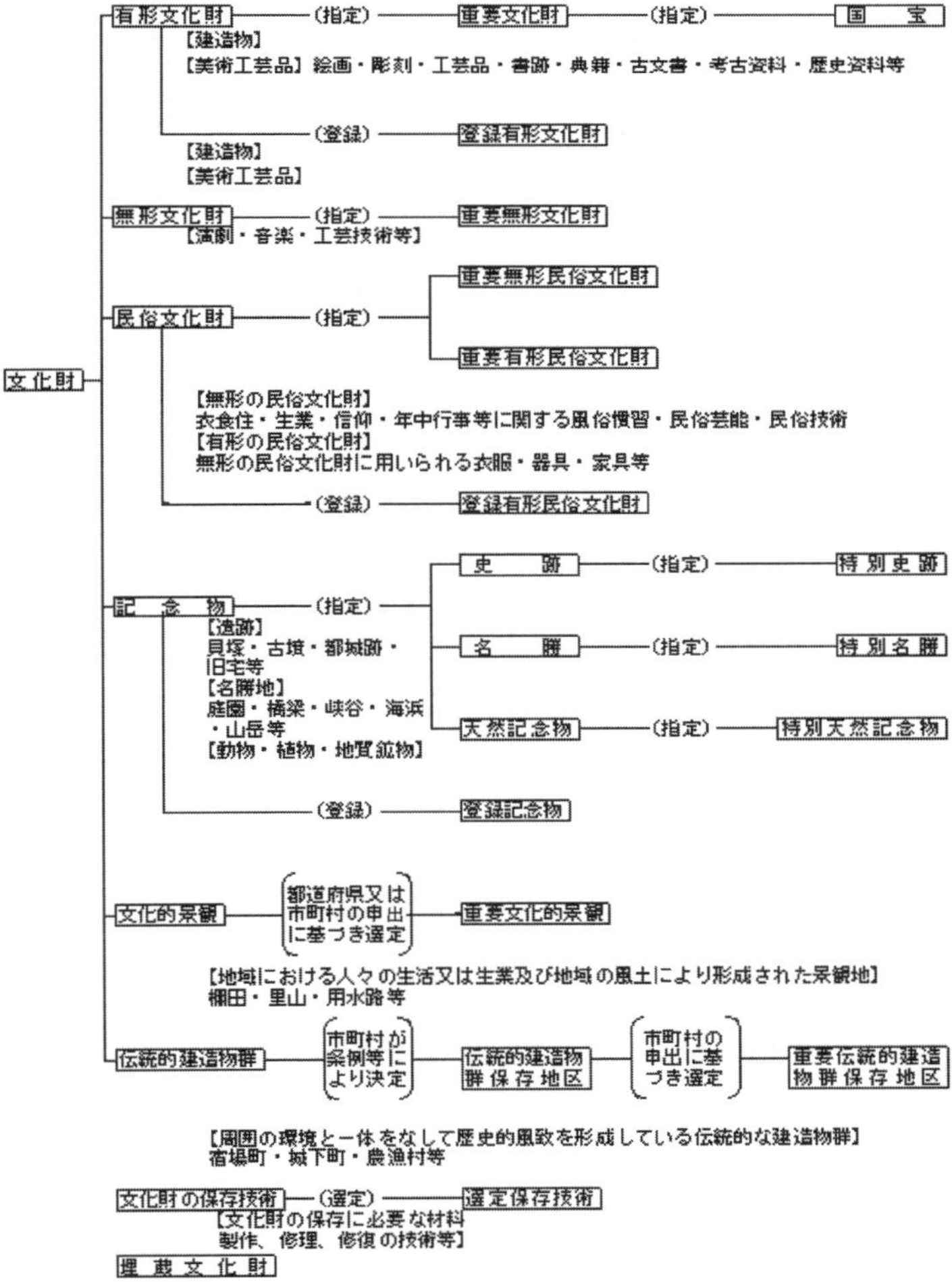
文化財
有形文化財
（指定）
重要文化財
（指定）
国　宝
【建造物】
【美術工芸品】絵画・彫刻・工芸品・書跡・典籍・古文書・考古資料・歴史資料等
（登録）
登録有形文化財
【建造物】
【美術工芸品】
無形文化財
（指定）
重要無形文化財
【演劇・音楽・工芸技術等】
民俗文化財
（指定）
重要無形民俗文化財
重要有形民俗文化財
【無形の民俗文化財】
衣食住・生業・信仰・年中行事等に関する風俗慣習・民俗芸能・民俗技術
【有形の民俗文化財】
無形の民俗文化財に用いられる衣服・器具・家具等
（登録）
登録有形民俗文化財
記　念　物
（指定）
史　跡
（指定）
特別史跡
名　勝
（指定）
特別名勝
天然記念物
（指定）
特別天然記念物
【遺跡】
貝塚・古墳・都城跡・旧宅等
【名勝地】
庭園・橋梁・峡谷・海浜・山岳等
【動物・植物・地質鉱物】
（登録）
登録記念物
文化的景観
都道府県又は市町村の申出に基づき選定
重要文化的景観
【地域における人々の生活又は生業及び地域の風土により形成された景観地】
棚田・里山・用水路等
伝統的建造物群
市町村が条例等により決定
伝統的建造物群保存地区
市町村の申出に基づき選定
重要伝統的建造物群保存地区
【周囲の環境と一体をなして歴史的風致を形成している伝統的な建造物群】
宿場町・城下町・農漁村等
文化財の保存技術
（選定）
選定保存技術
【文化財の保存に必要な材料製作、修理、修復の技術等】
埋蔵文化財

文化財の分類（文化庁ホームページより）

実際の法律上に定義されている文化財の分類（前ページ）をみても、イメージ通りの形となっている。文化財保護法が都市の歴史的建築物や美しい町の風景の保存に力を発揮できない理由のひとつはここにある。

より具体的に説明しよう。既に述べた通り、歴史的建築物は有形文化財の一分類の「建造物」として文化財保護法で定義されている。文化財保護法の有形文化財の定義をみると、他に、絵画、彫刻、典籍、歴史資料、考古資料等の様々な美術工芸品類を示す分類がずらりと並んでいる。建造物は、これらと並ぶ一分類に過ぎない形である。つまり、歴史的建築物は、あたかも宝物類のひとつであるかのような扱いなのだ。

一方、古い遺跡のようなものは、記念物という定義のなかの史跡として分類されている。こちらは、名勝、天然記念物と並列されている形である。三分の一だから、扱いは建造物よりも少し明確である。なお、国宝・重要文化財は、美術工芸品類と建造物に限って使われる呼称で、古い遺跡で文部科学大臣が指定するものは、国宝・重要文化財とは呼ばず、特別史跡・史跡と呼ばれる。

建物の扱いがこのようになったのは、昭和二五（一九五〇）年に制定された文化財保護法の制定の経緯と深く関わっている。文化財保護法は、第二次世界大戦後に、戦争以前からあった昭和四（一九二九）年に制定された国宝保存法と、大正八（一九一九）年に制定された史蹟名勝天然紀念物保存法をひとつにまとめる形で制定された。有形文化財、記念物という分類は、そのままふたつの法律の保存対象を継承したものなのである。すなわち、文化財保護法において有形文化財に分類されるものは、国宝保存法で国宝として保存されていたものに該当し、文化財保護法において記念物に分類されるものは、史蹟名勝天然紀念物保存法で保存されていたものにあたる。

(3)古社寺の保存から始まった文化財保護

文化財としての建造物に対する扱いのルーツは、実はさらに過去に遡る。

国宝保存法の前身にあたるのが、明治三〇（一八九七）年に制定施行された古社寺保存法である。古社寺保存法は、古社寺に残された歴史的な資産類を、国家的な財産として位置付け、それを保存しようとした法律である。このため、保存される対象は、古社寺の資産、すなわち宝物の種別にあわせて分類された。社寺においては、建造物は彫刻や絵画等と並ぶ宝物のひとつとして扱われている。それは古くからの慣習で、例えば、寺の宝物を記した「資材帳」と呼ばれる古代の史料にも、仏堂や塔婆といった建物と美術工芸品類は併記されている。

これが、文化財における建造物の扱いを決める原因となったのである。そして、法のなかでは、彫刻・絵画等の美術工芸品類が「国宝」、建造物を「特別保護建造物」として保存することとされたのである。現在の文化財保護法における建造物の分類は、この古社寺保存法時代の扱いをそのまま継承している形になる。

文化財として保護されている建造物の実態に目を転じても、古社寺保存法から始まった保護の歴史は、大きな影響を及ぼしている。それを示す最大の証拠が、現在でも文化財として保護されている歴史的建築物の圧倒的多数を寺社の建物が占めることだろう。平成一九年一二月現在、国宝・重要文化財に指定されている建造物は、合計四二一〇棟である。そのうち、寺院建築が一一〇三棟、神社建築が一一五三棟で、全体の半数以上を占めている。

文化財として保護される対象となる建物は、その希少性が重視されるという側面がある。建物は、建設年代が古いものであればあるほど、その希少性は高くなる傾向がある。日本では、建設年代が古い建物の圧倒的多数は、寺社に残された建物である。したがって、寺院建築、神社建築が国宝・重要文化財の多数を占めるのは、やむを得ない面もある。

一方、国の政策としての文化財の保護という側面を考えると、希少性が高いものばかりを対象として重視するのではなく、危機に瀕している文化財を緊急に保護するという面も重視されてしかるべきである。実際に、国も寺社の建物の保存ばかりに力を入れていたわけではない。古社寺

重要文化財に指定された新潟市の旧笹川家（昭和29年指定）

重要文化財に指定された青森市の旧第五十九銀行本店本館
（現青森銀行記念館、昭和47年指定）

保存法の時代は、寺社の建物が危機に瀕しており、それのみが対象だったが、それが国宝保存法にかわると、城郭建築の保存に力点が置かれるようになった。そして、文化財保護法の施行後は、昭和三〇年代に入る頃には、危機に瀕した民家建築の保存が叫ばれるようになり、その後に全国の調査が進み、昭和四〇年代に多くの民家建築が重要文化財に指定された。また、昭和三〇年代中頃には、昭和四二年に明治維新から一〇〇年を迎えることもあって、明治年間に建てられた洋風建築の保存が叫ばれるようになり、同じく昭和四〇年代にその重要文化財指定が進められた。こうした古社寺保存、城郭建築の保存や、民家建築、洋風建築の保存は、いずれも当時危機に瀕していた建造物の保存が進められたものであり、文化財保護が緊急避難的な性格を持ち合わせていたことを示している。

(4)都市の危機への対応の遅れ

危機に瀕しているという点でいえば、都市の歴史的建築物や美しい町の風景といったものの方が、寺社の建物よりも、その保存のための優先度が高かったはずである。過去形ではなく、これは現在進行形でいうべきだろう。

それでは、都市の歴史的建築物や美しい町の風景の保存継承が危機的状況にあることが明らか

明治村に移築保存された帝国ホテル

になったのは、いったいいつのことだろうか。既に高度成長期に入った時代には、それが認識されていたのではないだろうか。具体的な例をあげれば、著名な米国人建築家フランク・ロイド・ライトが設計した帝国ホテルの現地保存が困難になった昭和四二（一九六七）年、少し遅く見積もっても、東京駅を保存するかどうかがしきりに話題にのぼった一九八〇年代頃には、誰しもがそのことに気づいていたはずだ。

ところが、一九八〇年代になっても、国宝・重要文化財に指定される建造物の大半は、寺社の建物だったのである。その証拠に、建造物を担当する文化庁の部署（文化財保護部建造物課――名称は当時）が、そのころ重要文化財を指定するために最も力点を置いていたのは、全国の「近世社寺建築緊急調査」だった。つまり、安土桃山・江戸時代の寺社建築が、重要文化財に指定すべき最も主たる対象として考えられていたのである。様々な失敗があるなかで、文化財保護における最大の失敗のひとつは、この時期に「都市」という視点を欠いていたことではないかと思う。

近代建築の多くは都市部に存在するため、重要文化財に指定されている近代建築も、都市部に存在しているものは少なくない。また、伝建地区の制度は、都市内にある地区も保存の対象とすることができ、実際に都市内の重伝建地区も存在する。したがって、「都市」の文化財が全く忘れ去られてしまっていたというわけではない。関係者からはこのような反論が返ってきそうである。

けれども、それは政策的な力点が置かれた結果ではない。その証拠に、最も開発が進んだ大都市圏の状況をみてみよう。近代の開発行為は、都市のなかでも、人口が集中する大都市圏で最も激しい。このため、大都市圏になればなるほど、歴史的建築物や美しい町の風景は存続の危機にさらされていたはずである。危機的な状況の文化財を救うという点でいえば、大都市にあるものほど、保存に対する優先順位は高いはずであり、保存し継承していくための工夫が必要だったはずである。

ところが実際に、大都市圏での保存が優先的に行われ、かつ、そのために特別な工夫がなされた事実はない。例えば、東京都内や大阪市内には、伝建地区は現在も一箇所も存在しない。長い歴史をもつ先進諸国の首都のなかで、保存地区が存在しないのは東京ぐらいのものである。第二次世界大戦による空襲の被害を考慮しても、東京に保存すべき地区がないとは考えられない。同様に、重要文化財についても、他の都市に比べて東京や大阪のような大都市において重点的に文化財の指定がなされたということはない。都市内の歴史的建築物について、保存のための特別な努力が実際になされたのは、ごく近年のことである。第Ⅰ章で紹介した歴史的建築物を保存したことにともなう開発利益の逸失を補うための容積率の移転の制度は、その代表的なものということとになる。

(5) 近代建築と文化財保護

本書で扱っている都市の歴史的建築物や美しい町の風景を構成している建築物の圧倒的多数は、明治以降の近代に建設された建築物、いわゆる「近代建築」である。先に述べた通り、近代建築の保存は、昭和四〇年代の明治洋風建築の重要文化財指定から本格的な取り組みが始まったのだが、その後しばらく、近代建築に対する保護措置はあまり進展しなかった。これも、都市への意識が欠如したことと並び、文化財保護の失敗のひとつといえるだろう。

近代建築は、比較的に建設年代が新しいものまで含めると、古い寺社建築などとは比較にならないぐらい大量に残されている。また、残されている建物の種別も多様である。例えば、洋風に限らず、和風の建物もあるし、建物の類型でみても、官庁・学校等の公共建築、銀行・商店、ホテル等の商業建築、工場等の生産施設といった具合に様々である。

洋風建築以外の近代建築が、重要文化財に指定されるようになったのは、ごく一部の例外を除くと、平成に入ってからのことである。その契機となったのは、文化庁が平成二（一九九〇）年に開始した「近代化遺産（建造物等）総合調査」、同じく平成六（一九九四）年に開始した「近代和風建築総合調査」の成果による。近代化遺産は、主に産業・交通・土木に関わる建造物が対象で、近代和風は、文字通り和風の意匠を持つ建築物が対象である。

近年の近代建築の重要文化財指定状況をみると、もうひとつの大きな変化がある。それは、比較的に建設年代の新しい、昭和に入ってから建設されたものが、指定の対象になったことである。なかには、第二次世界大戦後に建設されたものも含まれている。現在、重要文化財の指定は、建設後五〇年を経過していることが、おおよその目安とされているが、最も建設年代が新しい重要文化財は、昭和三四（一九五九）年に建設された、東京都台東区上野にあるフランスの建築家ル・コルビュジエが設計した国立西洋美術館の建物（平成一九年に指定）である。こうした比較的建設年代の新しい昭和の建造物の指定は、平成八（一九九六）年に行われた重要文化財の指定基準の改正にともなうもので、その前年に「近代の文化遺産の保存活用に関する調査研究協力者会議」（平成六年に設置）から出された提言に基づくものである。

経緯はともかく、日本では次々と近代建築が取り壊されている状況なので、さらに建設年代が新しいものについての保護措置も急ぐ必要がある。日本のように取り壊しが進んでいない欧米諸国でも、近現代建築の保存に、近年熱心に取り組んでいる。日本で最近話題の世界遺産をとってみても、現代建築をとりあげようという動きが盛んで、西洋美術館の重要文化財指定も、フラン

国立西洋美術館

重要文化財に指定された筑後川橋梁
（福岡・佐賀県境に所在、平成15年指定）

スがコルビュジエ設計の建物を世界遺産に登録しようとする活動を進めていることにともなうものである。

こうした点からみても、日本の文化財保護がいち早く近代建築の保護に手を打っていたとは言い難いのではないかと思われる。とはいえ、多様な近代建築や比較的建設年代が新しい現代建築に対しても、近年保護の手が及んできていること自体は、都市の歴史的建築物や美しい町の風景を保存継承していく上で歓迎すべき事柄であり、今後いっそうの力点が置かれることが望まれるところである。

⑹登録文化財制度の導入

重要文化財の指定は、年間約二〇件程度しか行われない。つまり、重要文化財の対象とされる建造物は、その数が限られている。したがって、数の面からみても、重要文化財の指定という仕組みは、大量に残されている近代建築の保護に必ずしも向いていないといえる。

近代建築のうち、重要文化財に指定されるのは、代表的なものだけである。実際に重要文化財の指定基準では、「時代又は類型の典型となるもの」とされている。すると、他のものは指定されたものと類似するものでも、重要文化財としての評価を受けることはないことになる。実際に、重要文化財と類似する建物が、文化財としての評価を何も受けないまま、取り壊されてしまうことは、これまでしばしば発生している。

重要文化財の数量が限定されるのは、改修費用等について、国から相当の予算が支出されていることが原因のひとつとなっている。数量を増やすことは、予算を増やすことになるから、予算にあった件数しか指定できないのである。実際には、文化財保護に関わる国の予算は、近年は別として、着実に増やされており、それにともない重要文化財の指定数も増加している。とはいえ、それにも限界がある。

近代建築は、木造以外のものも多く、近世以前の木造建築と比較すると、規模的にも大きなものが多い。このため、一棟にかかる予算もそれだけ大きくなる。したがって、予算という面からみると、それだけ保護の対象とすることは、行政から敬遠されることになる。このことも、近代建築に対する保護が遅れた理由のひとつにあげられるだろう。

そこで、導入されたのが、登録文化財の制度である。登録文化財の制度は、平成八（一九九六）年の文化財保護法の改正によって導入された。この制度の導入によって、現在、相当数の近代建築が、登録文化財に登録されている。

国宝・重要文化財は、国が厳しい規制を課すかわりに、大規模な修理の費用に対する補助を行うなど、公共が保存に大きく関与する手法をとっている。国からの予算の支出が大きく対象数が限定されるのはこのためである。

これに対して、登録文化財は、文部科学大臣が価値あるものを広く名簿に登録することによって、文化財としての価値の周知を図ることを目的とする。規制を最小限にとどめ、公共による関与を少なくする手法がとられている。このため、国からの予算の支出も少なく、年間に登録される件数も多い。平成一九年一二月現在、六六一六件が登録されているので、年間五百件以上が登録されていることになる。ちなみに、法令用語としての「登録」は、一級建築士の登録、税理士の登録といったように、要件を満たす者の名簿を作成し、それを公開するような場合によく用いられる。

欧米諸国では、価値ある歴史的建造物の名簿を作成するような登録制度が、一九六〇年代後半から七〇年代にかけて導入されている。その結果、日本とは比較にならないほどの大量の歴史的建築物が登録されている。登録数が比較的少ないアメリカでも日本と一桁違う数万棟が、ドイツやイギリスでは数十万棟が登録されている。欧米諸国の登録制度は各国各様で、登録によって所有者等に生じる規制の有無、国と地方公共団体の関係等、日本の登録制度と比較すると様々な違いがある。けれども、価値ある歴史的建造物の名簿を作成し、その存在を広く公証しようとする制度の趣旨は、各国とも共通している。

なお、国によっては、所有者等の同意を得ることなく歴史的建築物の登録をしているところもある。これに対して、日本では所有者等の同意を得て登録をしている。同意については、文化財保護法には記されていないのだが、法律の運用上、同意を得ている形である。日本では、そうしないと将来にわたる保存が可能かどうか不明瞭であることに加え、それだけ人々の保存に対する理解がないということである。もし仮に、自分の所有する建物が知らない間に文化財になっていたとしたら、所有者はそれに強く異を唱えるのではないだろうか。このため、欧米諸国と日本の登録数の違いは、制度制定後の年数の違いだけでなく、所有者等の同意の有無による違いという側面もあると思われる。

欧米諸国では、登録制度が導入されたのとちょうど同じ時期に、あわせて集落・町並を保護するための地区単位の保護制度が制定されている。集落・町並の保護制度については、日本でも、いち早くその情報を得て、昭和五〇年に文化財保護法の改正を行い、伝建地区の制度が導入されている。この伝建地区の制度とあわせて、日本でも、同じ時期に登録制度が導入されてもよかったように思われるが、今となってはなす術もない。

現在も、欧米諸国では、登録制度と地区単位の保存制度が、都市の歴史的建築物や美しい町の風景を保存継承していくために、車の両輪のような役割を果たしている。登録という点をいくつも増やしていけば、それはいずれ線としてつながり、その線の範囲に対する何らかの措置が必要となり、それがやがて地区のルールへと発展するからだ。実際に、欧米諸国の保存地区では、登録された歴史的建築物の意匠や形態に配慮するような形で、地区の計画がしばしば定められている。この状況をみると、登録制度導入の遅れも、文化財保護法の失敗のひとつといえる。

ところで、支援する予算を減らすことは、国にとっては好都合だが、保護を進めたい建物の所有者の側にとってみれば迷惑な話である。法的な理屈からいえば、登録によって強制的な規制による不利益は所有者には生じないので、これはやむを得ないことなのだが、第Ⅰ・Ⅱ章で述べたように、都市部の歴史的建築物についていえば、高度利用にともなう利益を失うなど、実際には保存にともない、様々な負担が所有者等には生じることになる。したがって、そうした負担を軽減する措置は、登録文化財であっても必要、というよりもむしろ、登録文化財にこそ本当に必要な措置といえる。登録制度の導入は、都市の歴史的建築物や美しい町の風景を保存継承していくためのひとつの成果ではあるが、これが導入されただけで欧米諸国のように万事上手くいくことはあり得ないのである。日本では、とくに高度な開発が許容されている都市部の歴史的建築物の保存について、多くの課題が残されていることを忘れてはならない。

(7)法人(企業)の所有と文化財保護

都市部の近代建築の場合、株式会社等の営利法人が所有していることも多い。

営利法人が所有する建物の場合、それは法人の資産にあたるので、資産としての収益性が問われることになる。そのため、保存には、寺社や個人が所有する場合よりも、困難がともなうことになる。とくに多数の株主が存在する会社が所有する場合には、経営の責任をもつ取締役と会社を所有するというべき株主とが分離し、取締役が多数の株主の意志を付度して経営判断を行うことが求められるから、目の前の収益を上げることのみに熱心になりがちである。したがって、多数の株主をもつ大企業になるほど、保存に対するハードルは高くなる。これは第I章でも述べたところである。

このように、営利法人が所有する歴史的建築物を保存することは、大変困難であるにもかかわらず、文化財保護は、それをどう残していくのかという視点も欠いていた。これも文化財保護法の失敗のひとつといえる。その証拠に、現在も営利法人が所有する重要文化財の建造物の数はごくわずかに過ぎない。また、そのほとんどは近年の指定である。これは近年、都市部に配慮した保存措置がとられるようになったからである。近年指定されたもの以外のものをみてみると、そのほとんどは接待所・迎賓施設もしくは記念館として使用されており、収益性とは比較的に無縁

重要文化財ヨドコウ迎賓館
（旧山邑家住宅、兵庫県芦屋市、昭和49年指定）

登録文化財の例
丸石ビル（東京都千代田区）

なものであることがわかる。

営利法人にとってみれば、歴史的建築物も、不動産という資産であり、それは会社の収益に関わる貴重な財産ということになる。このため、営利法人が所有する歴史的建築物の保存を可能にするためには、資産としての収益性に配慮した支援措置が必要となる。

ところが、仮に文化財保護法のような法律によって支援した歴史的建築物を使って営利法人が多くの利益を得ていたらどうだろうか。するとそれに対して、公的な支援が私有財産の取得のために使われているのはいかがなものか、という批判が必ず出ることになる。こうした批判に応えるためには、営利法人が収益をあげながら歴史的建築物を保存すること自体が、十分に公共性があるのだということを多くの人々に理解してもらう必要がある。

⑻文化財の保存と活用

とはいっても一般的には、単に建築物を営利目的に利用するだけでは、公共性に対してどうしても疑問がもたれやすい。これは、個人所有の住宅の場合でも同様である。所有者等にとってみれば、住宅である歴史的建築物に住み続けながら保存することは、大変に困難なことなので、公共の助成が是非とも必要ということになるのだが、無関心の他者からすれば、住まいとして維持保全するだけなら、それは公共の税金ではなく個人の自己責任で、ということになってしまうのだ。

そこで文化財保護法では、文化財の公共性をさらに確保するために、保存や利用とは異なる行為として、文化財の活用についても規定されている。法令用語としては、文化財保護法の「保護」は、実は保存と活用の両方を意味しているのだ。

保存は、文字通り歴史的建築物を残すことだが、それでは活用とはいったいどのような行為を指すのだろうか。文化財保護法では、活用について、その最も代表的な方法が「公開」であると定めている。そして、公開すること以外の活用方法は示していない。

公開というと、建物の内外について、不特定多数の人に見学させるといった行為が思い浮かぶ。営利法人が所有するような場合には、そのような公開はなかなか困難である。これは個人所有でも同じことで、この公開に対する抵抗感が、第Ⅰ章で触れたような、日本人の文化財の規制へのアレルギーを生む原因のひとつになっている。

それでは、実際に文化財である歴史的建築物は、どの部分をどの程度（例えば、何日間など）公開すれば良いのだろうか。残念ながら文化財保護法には、そのことについて具体的に何も記されていない。そこで、登録文化財については、道路などの公共の場から建物の主要な外観を通常望見することができれば公開にあたるという法解釈が、法律制定時の通達で示されている。これに対して、国宝・重要文化財については、何も具体的な解釈が示されていない。

欧米諸国の保存のための制度において、歴史的建築物の公開が求められていることは稀である。数少ない例外としては、イギリスにおいて、所有者が歴史的建築物を法で定めた非営利団体であるザ・ナショナルトラストに譲渡した上で、さらにその建物に住み続けるような場合に、年に一定期間の公開の義務が生じるということがある。

歴史的建築物の活用を考える上で興味深いのは、ドイツの各州で定められている日本の文化財保護法にあたる保存のための州法である。ドイツの歴史的建築物に関する保護制度は、各州の法によっており、国の法律はない。そこでは、歴史的建築物は最も適切な目的（例えば、建設当初の機能を継続することはこれに該当する）で利用し続けなければならないことが、精神的な規定として記されている。つまり、建物を利用し続けることが、「活用」というよりもむしろ「保存」そのものにあたるという考え方である。これならば、営利法人が特別な公開を行わなくても、収益をあげながら資産として歴史的建築物を使うことも、公共性のある行為として十分に法的に認められることになる。保存にともない所有者に生じる負担を思えば、日本でもこうした考え方を定着させたり、法文に明記したりすることが必要ではないかと思われる。

⑼建物の利用と文化財保護

見方を変えれば、歴史的建築物を利用し続けるということを重視してこなかったことも日本における文化財保護法の失敗のひとつであるといえる。そしてその影響が最もよくあらわれているのが、営利法人が所有する歴史的建築物の保存ともいえそうである。

この失敗を生んだ背景のひとつには、日本の文化財保護が古社寺保存から始まった上に、主な保存対象が長いあいだ寺社建築のままで、保護のための制度設計が寺社のような宗教法人にあわせてなされてきたことがあるように思われる。例えば、宗教法人が所有するものであれば、寺社という機能はよほどのことでもない限り、変わることはないから、建築物を利用し続けることに対して、とくに気を配る必要はない。また、寺社建築の場合には、公開することが拝観料等の収入に結びつくので、文化財の公開と所有者の利害は、営利法人の場合とは異なっているといえる。

さらにいえば、宗教法人が所有する建物の使い勝手をよくしたり、利用し続けることを支援したりするとどうだろう。それは、宗教活動への助成と解釈され、憲法がうたう政教分離の考え方に抵触する恐れすらある。実際に、宗教法人の所有する歴史的建築物に対して、文化財保護の名目で公共機関が修理の資金を援助するような行為が、政教分離の原則に反しているのではないかということは、国会や地方議会でしばしば質問事項としてとりあげられる。もちろん、文化財保護という目的があれば、政教分離には抵触しないという法解釈が正しいとされているのだが。

歴史的建築物を利用し続けることを重視してこなかったことの影響が最もよくあらわれているもののひとつに、文化財保護における公的な資金援助の方法がある。文化財保護という名の下で、歴史的建築物に対して公的な資金が援助されるのは、原則として保存を行う修理工事や防災用の設備の設置の場合に限られている。つまり、活用のための工事については、公的な資金援助の対象とはされていない。まして、建物を利用し続けたり使い勝手をよくしたりする工事に対する援助はない。そして公的な資金援助がなされる工事で圧倒的に多いのは、単に保存するだけでなく、建物を昔の姿に復原する工事に対する援助である。

例えば、利用し続けている近代建築のことを考えてみよう。建物の改修について、公共の支援が欲しいところは、高度利用との調整といったものの次には、トイレや水廻りといった日常生活のために必要な設備の更新についてではないだろうか。豪華な内装の部屋の保存のための費用は、せいぜいその次といったところだろう。ところが、現実はこのうち豪華な内装の部屋を保存するための費用しか支援してもらえないのである。

これに加えて、建物を復原する工事も営利法人にとっては、「御免蒙る」といいたくなるところである。復原を好む日本の文化財保護については、後に詳しく触れることにしたいが、こうした工事は、見方を変えると、所有者側にしてみれば建物を利用しにくく使い勝手を悪くされる行為ともいえるからである。この点に注目すれば、復原は文化財保護の援助が宗教法人助成ではないことを示す上で、最も説得力のある都合の良い工事だったのではないかと思われる。こうした復原重視の文化財保護の姿勢は、結果として、文化財になった歴史的建築物は使うことができないというイメージを生み、ひいては日本人の文化財アレルギーを蔓延させる原因のひとつになったのではないかと考えられる。

⑽動産と不動産の混同

それではなぜ、日本の文化財保護法では、文化財である歴史的建築物の活用として、建物を利用する行為が忘れ去られ、公開だけしか規定されていないのだろうか。

この原因は、本章の初めにみた通り日本の文化財保護法において、建物が美術工芸品類と同じ「有形文化財」に分類され、一律に扱われていることにある。例えば、文化財保護法の有形文化財の公開についての規定をさらに詳しくみると、代表的な公開の方法として、国立博物館への出品が定義されている。建物は不動産だから、国立博物館に出品できるはずがない。国立博物館に出品できるのは、美術工芸品類である。つまり、文化財保護法は、もっぱら美術工芸品類を想定して、規定が決められているのである。

文化財保護法の有形文化財に関する規定は、公開以外についても、美術工芸品類だけを想定した形となっている。例えば、保存の方法についてみても、国立博物館に寄託したり、公共機関に有償で譲渡したりすることに力点が置かれている。また、所有者が文化財を売却する際に、国にそれを優先的に買い取る権利があることも、同様である。これらは、美術工芸品類には有効な施策といえるが、建物の保存にとっては、ほとんど意味をなさない。

文化財保護法において、建物と美術工芸品類が、同一の有形文化財として扱われているのは、先述の通り、日本の文化財保護が古社寺の保存から始まったことによる。つまり、建物と美術工芸品類は、寺院や神社にとっては、同列の宝物だったからである。

寺社にとって同じ宝物であっても、一般の所有者にとっては、建物と美術工芸品類は大きく異なる。一般的な財産区分でいえば、建物は不動産であり、美術工芸品類は動産である。欧米諸国で、歴史的な遺産である文化財を保存するために、動産と不動産を法律で同列の扱いとしている国はない。欧米諸国では、不動産である建物を文化財として保護するための法と、動産である美術工芸品類を文化財として保護するための法は、別の法である。前者は都市計画・地域計画に関わる法と密接な関わりをもち、後者については、博物館・美術館に関わる法と密接に関わっている、というのが実態である。数少ない例外はフランスで、フランスでは同じ法律のなかで、不動産・動産の両者の保存を規定している。このため、日本の制度はフランスと似ていると言われている。けれどもフランスといえども、不動産と動産は、別々に条文が定められていて一律には扱われていない。

本来、建物は文化財の主役のひとつであるはずだ。その証拠に、世界各国の歴史や文化を紹介する場合に、表紙に使われるのは必ず歴史的建築物の写真である。最近話題の世界遺産も建物や町並のような不動産が中心で、美術工芸品類のような動産ではない。それが日本では、建物は有形文化財の一分野に過ぎないのである。文化財保護法を扱う文化庁の職制をみても、それがあらわれている。筆者が在籍した時代にも、建物を扱うセクション（建造物課）は、文化庁の各課の末端だったが、現在はそのセクションの名前すらなくなってしまっている状況である。

都市の歴史的建築物や美しい町の風景を保存継承していくためには、所有者にとって建物が不動産という資産であるという視点をもって、行政が様々な支援の施策を行うことが求められる。日本の文化財保護は、これまでそうした視点を著しく欠いており、かつ、積極的な政策立案の展開もできていない。その原因のひとつは、文化財のなかに不動産である建造物という分野が明確に位置付けられていないことにあるように思えてならない。

資産としての性格という存在に注目すると、文化財保護法の問題はそれだけに留まらないことがわかる。日本の文化財保護のもうひとつの大きな問題に、同じような性質の建物であっても、様々な文化財として特定されているということがある。

⑾様々な文化財という不思議

具体的には、歴史的建築物は、有形文化財の建造物として文化財に特定されるだけでなく、史跡、名勝、有形民俗文化財という文化財としても特定される形になっている。美しい町並も、伝建地区の他に、史跡、重要文化的景観という文化財として特定することが可能である。

少しわかりやすい例をあげてみよう。例えば、大阪府にある緒方洪庵の旧宅は重要文化財だが、島根県にある小泉八雲の旧宅は史跡である。また、会津坂下町の民家五十嵐家住宅は重要文化財だが、会津田島町の馬宿と呼ばれる民家は有形民俗文化財である。世界遺産にもなっている富山県の相倉・菅沼の両集落は、伝建地区であり、かつ、史跡でもある。私が調査に関わっているある市の城下町の町並は、伝建地区となることを想定して行政が都市計画を行おうとしていたが、文化庁から重要文化的景観の候補地として調査の要請を受けて困惑気味である。

これは、良く言えば、様々な手立てで文化財を保護していることになるが、反対に、悪く言えば、同じ法律内で整理がついておらず混乱が生じているということになる。こうした混乱は、建物に限らず、他の文化財についても同様である。例えば、彫刻のようなものでも、美術工芸品として指定されるものと、有形民俗文化財として指定されるものがある。

このような問題について、専門家は必ず次のように回答する。分野が異なるのは、対象を特定する際の価値の主眼や力点が異なるからであり、異なる分野ごとにその価値に応じた保護の措置が必要であり、それを同列に扱うことは困難である。建物について具体的にいえば、有形文化財の建造物については芸術的な観点や技術的な観点が重視されており、史跡については歴史事象との関係が重視されており、名勝については庭園との関係が重視されており、有形民俗文化財は庶民の生活文化との関係が重視されている。多様な価値付けは、多様な文化財の保護につながり、結果として保護の対象も広がり多くなる、と。

これは、いかにも理にかなった説明のように聞こえるが、筆者に言わせてもらえば、詭弁である。なぜなら、結果として本当に幅広い文化財保護が達成されていれば良いのだが、実態はそうではないからである。実際に、建造物以外の分野で指定されている歴史的建築物の数は少数で、悪く言えば分野を変えた「良い所取り」か「つまみ喰い」といった程度のものである。さらに言えば、分類どうしの境界にあるようなものは、それぞれが遠慮しあって、かえって文化財の対象となりにくいという弊害も生じるので、必ずしも対象が広がるともいえず、分類を細かくするメリットはほとんどないのである。

この文化財の分類は、専門家の学問上の専門分野に対応している。建物についてみれば、建造物は建築学（土木工学）、史跡は日本史学や考古学、名勝は造園学、有形民俗文化財は民俗学である。こうした形態も、良く言えば、分類ごとに専門分野の学問成果を文化財保護に反映させやすい形ということになるが、悪く言えば、分野別の専門家のセクショナリズムによるものであり、専門家の権威と文化財の判断が直結することに陥りやすい形で、行政の手法を一般の目からみえにくくしている原因のひとつともいえる。文化財の置かれた現状をみると、むしろ後者の弊害の方が強くあらわれているように筆者には思える。

⑿規制される者と規制する者の視点

筆者が、建物を細かく分類して文化財に特定することに懐疑的な理由は、他にもある。それは、細かな分類が、規制を受ける所有者等に対して、何も良い結果をもたらしていないということである。

所有者等にとってみれば、自らが所有する建物が文化財に特定されることは、資産に一定の法的規制が生じ、様々な義務を自ら負うことを意味する。ところが、同じ建物に対して、有形文化財、史跡、民俗文化財といった文化財の分類に応じて、異なる規制が課されるとしたらどうだろう。極端な場合には、分野の異なる文化財行政担当者から全く異なる規制の説明を受けるといった事態までもが生じるのである。所有者等が文化財の分類を十分に理解していれば良いが、それは恐らく相当に稀有なことだろうから、結果としては、文化財は非常にわかりにくいという印象を受けるのではないだろうか。所有者等にとってみれば、規制は一律で窓口がひとつである方が、絶対に親切なのだ。

このように考えると、現在の日本の文化財保護法は、圧倒的に文化財を決定する行政側の視点から制度が組み立てられており、規制を受ける所有者等の立場が考慮されていないことがわかる。このことも、文化財保護の失敗のひとつで、日本人の文化財アレルギーを生んだ原因のひとつと考えられる。今後は、所有者等の視点と立場から法制度を組み立て直す必要があるように思われる。

それではどのように組み立て直せばよいのか。まず少なくとも、建物（建造物）は一括して扱うことが望ましいが、そのためにはこれまでの分類そのものを考え直す必要がある。その答えは意外に簡単で、まず価値に応じた分類をやめて、不動産、動産といった所有者等にとっての財産区分に応じた分類に変えるのである。不動産としては、建造物の他に土地が中心となるものがある。それらは公園、庭園、遺跡等として、土地の性格に応じて別の分類とすることが考えられる。その上で、指定や登録といった物件を特定するための評価基準に、様々な価値の視点を盛り込むのである。つまり、建造物の場合でいえば、その指定基準や登録基準といったものに、芸術的な観点、歴史事象との関わりという観点、庭との関係という観点、庶民の生活文化との関係という観点を入れ込めば良いだけである。

アメリカやイギリスでは、建造物の文化財登録のための基準として、ふたつの価値が示されている。ひとつは構造物上（Architectural）の価値で、もうひとつは歴史上（Historic）の価値で、極めてシンプルである。前者は、日本の有形文化財の建造物の考え方に近く、後者は日本の史跡の考え方に近い。やろうと思えば、それほど難しくはないのである。イギリスではまた、不動産に関わる文化財を、建造物（Buildings）の他に、公園（Parks）と庭園（Gardens）、遺跡と記念工作物（Monument and Archaeological Site この場合の Monument は、単体の工作物ではなく遺跡の土地内に含まれる記念工作物）に分類している。建造物、公園と庭園、遺跡と記念工作物は、それぞれ別の制度で保護手法が決められているが、住民の窓口となる市町村の担当部局はひとつで、後に述べるように都市計画の部局である。

ちなみに、フランスの文化省では、文化財である建造物を扱うセクションが、公共所有の建造物を扱う課と、民間所有の建造物を扱う課に分かれている。この役割分担は、規制される者の視点に立った行政組織のあり方として興味深い試みであるように思われる。

⒀補助金による行政

ところでよく考えてみると、数を絞って対象を定めるという重要文化財の指定による文化財保護手法そのものが、所有者の立場や視点によるものでなく、対象の決定者である行政側の立場を強くしやすい性格のものといえそうである。

重要文化財には、改修工事のために予算が配分される。この予算は、行政（国）から所有者等への補助金という形で支給される。実際には、一件あたりの補助金の額は比較的高額な場合が多く、そのために一年間に補助金を受けて改修工事が行える文化財の件数も限定されている。このように額が大きく件数が少ない補助金の仕組みも、行政の裁量権を強めると同時に、所有者の主体性を失わせる方向に働いている。なぜなら、所有者が補助を望んでも、それを必ずしも受けられない可能性が高く、かつ、その決定権が行政側にあるからだ。

このことは、所有者等の視点に立った文化財保護を行政に忘れさせてしまっただけでなく、行政の主な仕事を、補助金の支給先を決定することと、補助金を支給した改修工事を指導することにしてしまった。実際に現在も、国の文化財保護行政に関わる業務の相当量は、この仕事が占めている。

こうした体制は、結果として、人材、労力の両面において、文化財保護行政の政策的な対応能力を低くしているように思える。それが、都市部の建築の保存、近代建築の保存、利用や活用を重視した保存といったことに、これまで対応できなかったひとつの原因となっているのではないかと筆者は考える。

一方、補助金による改修工事に関わる行政の強い裁量権は、別の弊害も生んでいる。文化財建造物の改修工事が、所有者の利用や活用に対する要望に応じて行われるのではなく、文化財としての学術的な価値を高めることのみに著しく比重を置いて行われていることである。その代表的な手法が、建造物を昔の姿に戻す、いわゆる「復原」工事である。

古い時代に建設されたほとんどの建物は、時代を経る間に様々な改造の手が加えられている。大規模な工事の際に、慎重に学術調査を行うと、この改造の過程が詳細に判明することが多い。そこで改修時に得られた知見をもとに、建物を建設時の姿や昔のある時期の姿に戻すのである。この復原が、文化財のイメージを悪くしてしまったのは既に述べた通りである。

復原の是非はともかくとして、こうした学術重視の姿勢は、工事期間の長期化と工事費用の増加につながる。所有者にしてみると、利用や活用が制約されることになるので、それだけ補助金への依存度と高額化に対する要望が高まってしまうのである。実際に、文化財である建物の改修工事は、年々長期化と高額化の傾向を強めている。

法隆寺のように唯一無比的な文化財の建物の存在を考慮すると、改修工事の際に学術的な価値を守り高めることには、一定の意義があるので、補助金額の高額化もやむを得ない面がある。とはいえ、あまりにも学術的な価値のみに力点を置いた補助金の支給や、数を限定して一件の補助額を高める方法は、既に限界にきているのではないだろうか。むしろ国は、第Ⅱ章で述べた歴史的建築物の各部の性能を明らかにするような、将来他の多くの歴史的建築物の参考となるようなモデルとなる事業に、優先的に取り組むべきである。

一方、価値あるものを多数登録しようとする登録制度では、行政主導の保存では上手くいかないことが目にみえているため、重要文化財のような高額な補助の手法はとられていない。登録文化財に対する支援が十分かどうかは別の問題として、登録文化財の場合には、自ら保存活用に積極的に取り組む所有者等を行政が応援するような視点から、現在の支援措置（改修工事に関わる設計監理料の二分の一を国が補助）は行われている。

重要文化財の指定制度の意義が全くなくなったとは思わないが、これからの歴史的建築物の保存の主流は、行政側の視点から行う保存ではないはずだ。自ら保存活用に取り組もうとする人々の意欲を引きたてるような制度と仕組みが必要だろう。その基盤となるのは、少数を限定する指定制度ではなく、多くの人々に保存活用に取り組む機会を提供する登録制度と登録文化財ということになるのではないだろうか。また、支援・補助すべき行為も、学術的価値を高める行為だけではなく、資産としての利用や活用を活発化することと価値の保存を両立させるような行為に力点が置かれるべきであろう。わかりやすくいえば、民家を民家園の展示物にしてしまうのではなく、住居として住み続けることを支援するのである。また、クラシックな洋風建築でいえば、博物館や美術館にするのではなく、オフィスや店舗のような資産として使い続けることを支援するのである。

このためには、文化財行政が方向を大転換するだけでなく、財政当局による理解も必要である。既に何度も記した通り、それが私有財産の取得への公的助成とみなされてしまいがちだからである。

自ら保存活用に取り組もうとする人々の意欲を引きたてるような制度と仕組みという点でいえば、助成を申請して行政がそれを決定する補助金よりも、減税による税制優遇の方が、よりふさわしい制度といえる。なぜなら、税制優遇なら、所有者は、自分が行いたいときに改修工事を行うことができ、自らそれを申告することで優遇を受けられるからだ。行政に決定の裁量権がある仕組みではなく（証明証の発行等のために工事に対する行政からの指導はある）、所有者の自主性が問われる仕組みになるのだ。

実際に欧米諸国では、文化財である歴史的建築物の修復工事に対して、国や州といった行政の上位機関から行われる支援については、補助金ではなく改修費用の一部を所得税から減税する措置が中心になっている。もちろん、国や州から補助金が出される場合もあるが、それは、モデル的な位置付けがなされているものや、非常に価値が高い一部（日本でいえば国宝・重要文化財に当たるもの）に限定されている。また、補助金の場合は、圧倒的多数は国や州からではなく、所有者等に身近な市町村から出されている。この補助を行う市町村に対して、国や州がそれを支援していることが多いのである。

なお、例外的にフランスでは、国が指定した文化財に対して、国が保存の責任の一端を担うという考え方によって、高額の補助金による支援を行っている。このため、日本の国宝・重要文化財と類似するといえるが、日本では保存はあくまで所有者の責任という考え方をとっているので、その点に違いがある。

⑭埋蔵文化財王国「日本」

行政主導による補助金による保護手法と復原を中心とする工事という点に注目すると、有形文化財の建造物以上に問題を抱えているのが史跡の分野である。

史跡は、地中に眠る埋蔵文化財と密接に関係しており、通常は、埋蔵文化財の発見及び発掘から、史跡の指定そして整備へといたるのが通常である。史跡が、日本における文化財保護の主役のひとつであり、建造物はどちらかといえば文化財の脇役に過ぎないことは、既に述べた通りである。日本の文化財保護の現状をみると、むしろ主役は埋蔵文化財といえる。その証拠に、発掘による埋蔵文化財発見のニュースは、新聞等のメディアに圧倒的に多く登場している。文化財保護における人材や予算をみても、埋蔵文化財と史跡の関係が圧倒的な割合を占めている。この傾向は、地方公共団体において、より顕著である。地方公共団体の文化財担当職員は、建造物については他の分野と兼任で一人のみであることが多い。これに対し、埋蔵文化財については大勢が配置されている。そして、史跡の担当は、埋蔵文化財担当のなかから選任されていることが多い。彼らの専門は、ほとんどが考古学である。

この理由は、道路の新設、宅地の造成、農地の圃場整備といった土地に関わる大規模な開発にともなって、発掘調査が各地で多数行われていることによる。そして発掘調査によって、重要なものが発見されると、ときにその土地は史跡に指定され、土地が民有地の場合には公共機関（主に地方公共団体）がそれを買い上げ、さらにその場所を史跡公園や歴史公園にするような形で史跡整備が行われるのである。この整備の際に行われるのが、その場にかつて存在したと考えられる建物の復原である。もちろん、発掘調査する前から遺跡の存在が明らかなときには、発掘調査と土地の買い上げの順番が逆になることもある。国指定の史跡では、発掘調査費用、土地の買い上げ費用、施設の整備費用に、国からの補助金が支給される。この予算は相当額で、日本の文化財保護関係予算において一番の額を占めている。また、市区町村のホームページなどをみても、文化的な施策の上位に、史跡公園・歴史公園の整備をあげているところは多い。

それでは埋蔵文化財から史跡整備へと至るこの道筋のどこに問題があるのだろうか。

ひとつは、行政主導という点である。調査、土地買い上げ、整備のいずれも実施の主体は、公共機関（主に地方公共団体）であり、民間が主体的に関わることはまずない。歴史的建築物については、これからは民間が中心となり、それを公共が応援するような保存が望まれることは、既に述べた通りである。史跡が文化財の中心である限り、文化財保護の目がそちらに向くことは困難なのである。

次に、整備にともない、土地の状況や様子が激変してしまうことである。例えば、民有地が公

平城京朱雀門（奈良県奈良市）

三内丸山遺跡の復元建物（青森県青森市）

有地となり公園化する。その際に、民有地のときに存在した建物や工作物の多くが撤去され、その場所に整備によって新築された歴史的建築物が登場するのである。平城宮跡の大極殿と朱雀門、佐賀県の吉野ヶ里遺跡の物見櫓、青森県の三内丸山遺跡の巨大構造物はその代表的なもので、その他にもお城の天守閣や竪穴住居の新築など例をあげればきりがないほどである。筆者は、史跡整備の意義をすべて否定するつもりはないが、これらがあまりにも画一的な文化財保護のイメージを人々に植え付けているのではないかと危惧している。

さらに問題なのは、こうした史跡整備にともない、史跡指定の土地に存在した歴史的建築物までもが撤去される事態が生じていることだ。どうやら史跡整備の目標とする「復原」すべき時代にその建物があわないことが、その理由らしい。具体的な例をあげると、小田原市の城跡にあった木造の学校建築の校舎は、保存を求める市民の声があったにもかかわらず、史跡整備を進める行政によって撤去されてしまった。江戸時代を想定した城跡の整備に近代建築の存在はふさわしくないとの判断である。

これは明らかに異常事態であると筆者は思う。歴史を大事にするという行為は、ある時代のものだけを大事にすることではないはずだ。時代の積み重なりに価値を見出す視点ももつべきだ。さらに言わせてもらえば、史跡整備で新築されている歴史的建築物は、戦災で焼失した建物のような一部の例外を除けば、かつてそれが存在したかどうかははなはだ疑わしいもので、いわば想像の産物に過ぎないものばかりである。もちろん、平城宮に大極殿や朱雀門が存在したことは、ほぼ間違いない。けれども、その姿の詳細についていえばわからないことばかりなのだ。このため史跡整備の案は、複数の専門家が集まって様々な学術的根拠に基づいて作成している。とはいえ、それに関わった専門家に本音をきけば、良心的な専門家なら、必ず確実なものではないという答えがかえってくることだろう。このため、業界関係者は、こうした新築の歴史的建築物を「復原」と書かずに「復元」と書いて区別している。国語的には、復原も復元も意味は変わらないのだから、このような書き分けはまるで意味がない。はっきりと「想像復原」のように記すべきだと筆者は考える。

用語の問題はさておき、文化財保護の名の下に、勝手な想像による建物が新築されている一方で、本物の歴史的建築物が取り壊されているのだ。新築する手間と暇があったら、目の前の本物を救うことが、本来の文化財保護ではないのか。我々はもっと、本物を残す努力をすべきではないのかと、筆者は強く訴えたい。

⒂教育委員会という組織

開発と保存の調整を行おうとすれば、両者の間を取り持つ行政の役割は、非常に重要になってくる。とりわけ、開発を行いたい人々や保存に対する規制を受ける人々にとって、直接の窓口となる地方公共団体である市区町村の役割は重要となる。

歴史的建築物や美しい町並の継承が上手くいっている欧米諸国の各地では、市町村の役所で文化財保護に関わる業務の窓口となっているのは、日本でいう都市計画の部局である。部局名を厳密にいうなら、都市計画ではなく地域計画と書く方が正確である。なぜなら欧米諸国では、都市と農村の計画が同一部局で扱われているからである。日本では、都市部と農村部の計画を別の部局が担当しているので、本書の主眼である都市部の問題は、都市計画部局の担当になる。そこでここでは、聞き慣れた都市計画の語を使うことにする。いわゆる「地域のまちづくり」という点では、都市部と農村部の計画を別の部局が扱っていることも大きな問題なのだが、それについては本書の主題とは離れるので、単に指摘するだけにとどめておく。

文化財保護の窓口が都市計画部局にあることは、開発と保存の調整を行う上で、大きなメリットとなる。なぜなら、都市計画部局では、当然のことながら、都市内の開発行為全般についても担当しており、保存との調整を同一部署で直接行えるからである。それだけではない。欧米諸国

ブライトン・ホーブ市の都市計画の表紙

では、歴史的建築物や美しい町を保存継承するための方針や計画が、市町村の都市計画のなかで定められており、かつ、それが都市計画の主要な項目とされているからである。

例えば、イギリスのブライトン・ホーブ市の都市計画（Local Plan）をみてみよう。そこには主要な項目として、次の八項目（①土地利用と交通の関係、②エネルギー・水・大気と持続性、③デザイン・安全と開発の質、④適切な住宅・商業機能の確保、⑤地域の経済と雇用の確保、⑥商業・余暇・娯楽機能の活性化、⑦自然保護と市街化調整区域の適正な利用、⑧歴史的環境の変化の管理）が掲げられている。

歴史的建築物や美しい町の風景に関する方針や計画は、「Historic Environment」として主に⑧で扱われている。つまり、単に開発と保存の調整を行政の内部で図っているだけでなく、さらに一歩進んだ形がとられているのである。

日本では、開発は都市計画部局が担当しているが、市区町村で文化財保護を担当するのは、教育委員会という組織である。これは、国で文部科学省の外局である文化庁が文化財保護を担当しているのに対応した形で、「地方教育行政の組織及び運営に関する法律」（以下「地教行法」と略す）によって、文化財の保護に関することが教育委員会の職務権限として定められているためである。

市区町村において、教育委員会が文化財保護を担当していることは、実は、開発との調整を難しくさせているだけでなく、日本において歴史的建築物や美しい町の保存継承が上手くいかない原因のひとつとなっている。その理由を以下に示そう。

第一に、教育委員会の職制の問題がある。市区町村の教育委員会の主な業務は教育で、とりわけ義務教育にある。このため、文化財保護に関わる業務は、どうしても中心的な業務にはなりにくいのである。さらに、業務上の位置付けと同様に、行政内での予算上の優先順位も低くなるので、それだけ積極的な文化財保護の措置はとりにくくなる。とくに建物については、予算がかかるということで、敬遠されてしまう。実際に、一部の地方公共団体を除き、建物を積極的に文化財にしているところは少ない。

次に、人員配置の問題がある。教育委員会に建造物を担当する職員の配置数が少ないことは、先に記したが、問題はこうした実情だけではない。教育委員会の人員は、学校教育との関連で配置されることが多い。文化財保護については、専門性が重視される業務が多く、一般の事務職員では対応困難なことが多々あるため、学校の教員が配置されることもある。ところが、市区町村では、小中学校の教員なので、専門性には限界があるし、まして、建築や都市計画を専門とする教員はほとんど存在しない。都道府県の場合には、高等学校の教員が存在するので、専門性という点では問題ないが、それでも建築や都市計画の分野の場合には、工業高校に専門の教員がいるだけなので、事情はあまり変わらない。

文化財保護の担当として、専門の職員を特別に採用することは職制上もちろん可能である。多くの埋蔵文化財の職員は、そうした形で採用されている。建物についても、都道府県のなかには、寺社建築の多い京都府、奈良県、滋賀県、和歌山県のように、担当の専門職員が採用されているところもある。また、伝建地区による町並保存を行っている市町村でも、専門職員を採用しているところもある。けれども、専門職員は、一般の行政に関わることが少ないため、調整能力という点においてはどうしても劣ることになる。このため、都市計画部局と開発についての調整を行うことについては、文化財保護部局の専門職員という立場では、限界がある。そこで、伝建地区のように都市計画との調整がとくに必要な文化財がある市区町村では、文化財保護部局と都市計画部局との間で、専門職員の人事交流が行われているのが実態である。

また、教育委員会という組織がもつ行政上の性格にも問題がある。そもそも委員会という組織は、行政からの中立性を守るために独立して特別に置かれるという性格をもっている。このため、行政のなかで方針や計画を立てるという行為自体が、教育委員会の職制上の性格に馴染まないのである。つまり、教育委員会の職制である限り、文化財保護に関する方針や計画は、きわめて立てにくいのである。

実際に日本でも、都市計画においては、欧米諸国のように、様々な方針や計画が立てられている。けれども、そのなかに文化財保護に関わる事項が含まれていることは、ごく稀である。これが実現できないのは、都市計画と文化財保護の担当部局が単に分かれているからというだけでなく、教育委員会という組織の性格にもよるものなのだ。

ところで、教育委員会のような中立的な性格をもつ機関が文化財保護を所管しているのは、単に地教行法という法律が存在するからだけではない。それは、文化財保護が、行政の政策によって動向が大きく左右されることになっては困るという、客観性を必要とする側面をもっているからである。例えば、市長が代わったとたんに、保存されていた建物が壊されてしまったら、大問題になるだろう。行政が方針や計画を立て、それによって施策を進めることは、こうした問題に直結する危険性を含んでいるのである。そこで、教育委員会のような中立的な機関が文化財保護に関わることは、行政の暴走を止める一定の意義があることになる。

けれども、こうした役割を果たすのは、教育委員会でなくても可能である。例えば、文化財保護法においても、地方公共団体の文化財保護条例においても、様々な手続きは、法や条例に基づいて特別に設置される文化財保護審議会の意見を聴いて進められる形になっている。したがって、中立的な役割は、教育委員会でなくても文化財保護審議会が果たすことも可能なはずである。また、中立性を守るだけなら、文化財保護の担当を都市計画部局に置き、担当部局が立てる方針や計画に対して、教育委員会や文化財保護審議会の意見が反映されるような形をとれば十分なはずである。

ところで、日本の文化財保護行政の欠点のひとつとして、国が指定や登録をする文化財と、地方公共団体が指定する文化財との関わりが希薄なことがある。この原因のひとつに、地方公共団体の教育委員会と、国の行政の連携がとれていないことがある。これは文化財保護法にそうした規定がないからである。これは、教育委員会の中立的な性格が、国との連携を法文に定めることに馴染まないからである。近年、地方分権が叫ばれるなかで、地方行政の独立性を確保する上で、地方が国と関係をもたずに権限をもつことの必要性を説く専門家も多い。しかしながら、歴史的建築物や美しい町の保存のように都市計画との調整が必要な分野については、国と地方が連携し、それぞれの役割分担を決め、相互に協力していくことが理想の形であると筆者は思う。実際に欧米諸国で、国と地方公共団体が連携しないで、それぞれが同じような形で独自に文化財保護を行っているところはない。国と地方公共団体は、役割分担を決め、しっかりと相互の協力体制を築いている。

近年、文化行政については、地教行法によらず、担当を首長（市区町村の長）の部局に置き、様々な施策を展開する地方公共団体が増えてきている。これも、教育委員会がもつ組織としての問題点に起因するものと考えられる。文化行政に限らず、文化財に関わる行政も今後は、教育委員会が所管することが必ずしも得策とは限らないものと思われる。開発と保存の調整を考えるなら、少なくとも歴史的建築物や美しい町に関わる文化財保護は、地方公共団体の方針や計画を立てる部局が担当すべきではないかと筆者は考える。

現在、法律の制定が審議されている「地域における歴史的風致の維持及び向上に関する法律」（通称「歴史まちづくり法」）は、文化財とその周辺について、歴史的風致を維持向上させるための様々な公共事業を進めることを可能にする法律である。この法律では、市町村が文化財保護審議会の意見を聴いて計画を策定し、教育委員会の意見を聴きながら計画を実施していく道筋が案として示されている。ようやく開発を担当する部局と文化財保護担当部局の距離を縮める仕組みとして、その行方が注目されるところである。

⒃文部科学省と文化庁

地方公共団体における教育委員会という組織の問題点は、それを国の組織にそのまま置き換えてみても、同じようなことが指摘できる。

現在、文化財保護に関わる行政は、国のなかでは、文化庁が所管している。文化庁は、文部科学省の下に置かれた外局という形の組織である。

筆者は、かつて文化庁の職員であったが、筆者のような技術系の専門職員は、文化庁として独自の採用がなされている。一方、文化行政に関わる法律関係の専門職員は、文化庁で採用されるのではなく、文部科学省で採用された職員が、文化庁に配置されることになっている。そうした職員は、文化庁に配属されても、一定期間が過ぎると、文部科学省に配置替えになってしまう。そして、文部科学省では、主に教育行政に携わることになる。このシステムの下では、法律関係の専門職員は教育行政が中心になり、文化行政に関わる職員については、どうしても育ちにくい形になる。

職員の育成に限らず、様々な面で、同じことによる影響がある。例えば、筆者が文化庁にいた当時、文部省（現在は文部科学省）に調査統計企画課という課があり、その課を窓口に、諸外国の教育行政に関わる法律や情報が、次々に入ってきていた。一方、諸外国の文化財行政に関わる動向はといえば、情報は全く入って来ず、情報収集を行う仕組みもとられていなかった。欧米諸国の歴史的建築物や美しい町並の保存に関わる行政の実態を本書では紹介しているが、登録文化財制度についての一部を除くと、筆者が他の研究者や自らの調査研究で得た情報によっている。つまりそれだけ、文化財に関わる行政については、省内で重視されていなかったわけである。

一方、文化財に関わる国際的な情報の収集については、国の付属機関として文化財研究所が設置され（現在は独立行政法人）、国際交流事業や、諸外国との共同研究事業が行われており、そのなかで対応が図られている。このような反論が、関係者から返ってきそうである。確かに、文化財研究所では、近年、諸外国の法制度に関わる研究も進められている。とはいえ、文化財研究所の事業は、技術系の専門職員が中心となって進められているものがほとんどのため、法律や政策に関わる情報収集としては十分とはいえず、また、得られた情報を日本の行政の施策にどう活かしていくのかという観点も欠いている。

こうした国の行政組織のあり方は、これまで、人々の関心事の度合いが、文化行政や文化財行政よりも圧倒的に教育行政にあることを反映しているだけともいえる。したがって今後は、文化財保護、なかでもとくに歴史的建築物や美しい町の保存継承に関わる事柄が、行政による様々な施策を必要とする重要な課題のひとつであることの認識を広めていく必要がある。とくに第I章、II章でとりあげたような問題は、すぐにでも取り組む必要がある重要な課題である。また、文化財研究所のような政府関連の調査研究に関わる組織を、技術的な専門性に著しく偏った組織ではなく、国の政策立案に関わる組織として見直していく必要があるように思われる。

⒄文化財と景観というねじれ

歴史的建築物や美しい町の風景を保存継承する点からいえば、文化財保護と都市計画に関わる行政は、欧米諸国のように、連携がとれていることが望ましい。けれども日本においては、地方公共団体で教育委員会と都市計画担当部局との関係が上手く調整できていないのと同様に、国においても、文化財保護を所管する文化庁と、都市計画を所管する国土交通省との間の連携については課題が多い。

それを最もよく表わしているのが、文化財保護法とは別の法律として景観法が制定されたことだろう。平成一六（二〇〇四）年に施行された景観法には、単体の建物である「景観重要建造物」と地区単位の地域である「景観地区」を特定し、その保存と継承を図る仕組みが含まれている。この仕組みは、文化財保護法に、単体の建物に関わる仕組みと地区に関わる仕組みがあるのとほぼ一致している。つまり、大きな枠組みだけをみれば、景観法の景観重要建造物は文化財保護法の登録文化財に含まれていて良いし、文化財保護法の伝統的建造物群保存地区は景観法の景観地区に含まれていてもよかったはずである。

このように書くと、景観法では文化財保護法の対象とはならないものも包含できるし、文化財保護法には景観法の対象にならない動産等の保護が含まれている、といった反論が関係者から返ってきそうである。筆者ももちろんこのことは理解している。けれども、ふたつの類似する仕組みが存在するということは、規制を受ける所有者等の立場からすれば、非常にわかりにくいことである。文化財保護法において、建物が有形文化財・史跡等の様々な分野によって特定されることによる問題点を既に記したが、それと同じ問題が、今後は景観と文化財という分野の間で生じるのではないかと予測される。

そもそも、本来、文化財（とくに建造物や町並）は、美しい景観の核として位置付けるべきもののはずである。それにもかかわらず、景観法では、文化財の位置付けや、文化財周辺の景観に対する位置付けといったものは、全くなされていない。その一方で、国が指定する文化財を景観法の景観重要建造物の指定から除外するといった法文だけは、しっかり規定されている。こうした点をみると、所管省庁の縄張りだけを守っているような形で、国の役所の間の連携に著しい問題があるのではないかと感じざるを得ない。ちなみに、東京都の景観条例には、国が指定する建造物の周辺の景観に一定の配慮を求めることができる規定がある。

このため、筆者は、将来的には、文化財保護法の建造物や土地（公園、庭園等）といった不動産を定めるものや地区を定めるもの（重伝建地区、重要文化的景観）については、景観法のなかで明確に位置付けていくべきではないかと考える。また、景観と文化財というふたつの施策は、少なくとも市民の窓口となる市区町村においては、行政窓口をひとつ、都市計画を担当する部局にまとめるべきだと考える。

このうち重要文化的景観については、景観法の景観計画区域のなかで定めることになっているので、法のなかの位置付けが明確であるという疑問が出されるかもしれない。けれども、この重要文化的景観については、現状変更等の行為を文化庁長官に届け出る形になっており、市区町村の計画に文化庁が割り込むような形で、これまでの縄張り争いをさらに悪くしただけのように筆者には感じられる。なぜなら、地区を範囲とするような広範囲に課される規制は、伝建地区のように住民に近い市区町村に任せることが現実的であり、それを国に届け出ることは、所有者等にとって大きな負担となり非現実的だからである。国が直接関与できるのは、せいぜい個別の公園や庭園ぐらいまでの範囲だろう。このため、所有者等の視点に立った文化財保護という意味で、重要文化的景観には大きな問題があり、それは重伝建地区の仕組みにあわせてまとめていくべきだと筆者は考える。

誤解のないように言っておくと、筆者は、重要文化的景観が田畑の風景のようなこれまで伝建地区になりにくかった地区を文化財として価値づけるという点については大いに評価している。けれども、その規制の手法と、文化財の種別がいたずらに増えることを問題視しているのである。国が直接関与したいものは、名勝に指定すればよい。実際に、名勝に指定されている棚田がある。地区で保存したいものについては、田畑のようなものが伝建地区という言葉に馴染みにくいのであれば、伝建地区の名前を「歴史的景観風致保存地区」のように変更し、そのなかに町並とともに含まれる形にすればよいだけのことである。

前出の歴史まちづくり法は、これらの問題を解決するための糸口となることが期待される。ところで、欧米諸国でも、文化財として建物や地区を登録・特定する文化財保護法にあたる法制度は、都市計画のための法律とは別に定められている（例外として、イギリスではかつて都市計画制度のなかで歴史的建築物の登録を規定していたが、一九九〇年の法律改正で都市計画と歴史的建築物の登録は別の制度となった）。欧米諸国ではそれにもかかわらず、市町村において、文化財になった建物や地区を都市計画の部局が扱っているのである。当然のことながら、文化財とは別の観点から、歴史的建築物や地区を定めるような不思議なことは行われてはいない。森林や緑地のようなものについては、文化財とは別に、自然保護や緑地保全に関わる法律で保護すべき地区が定められている場合もあるが、それらの地区についても、もちろん同じ都市計画のなかで扱われている。

日本では、文化財保護は教育委員会、景観行政は建設部局や首長部局といった具合に、法律を所管する国の組織に応じるような形で、地方公共団体の担当部局も分かれてしまっている。欧米諸国では、法律を所管する国の組織は異なっていても、地方公共団体においては文化財保護も景観も、さらにいえば自然保護も、都市計画部局が担当しており、規制を受ける市民が戸惑うことのない体制になっているのである。

しばしば行政は、国が頂点にあってその下に地方公共団体が存在する、ピラミッドのような組織として形容されることが多い。けれども、市民へのサービスという観点に立つと、行政がとるべき形は、市民との直接の窓口となる市区町村において、関連する事柄を一元的に扱うことができるような国の組織にならわない仕組みが理想なのではないだろうか。文化財と景観の関係は、そのような形をとるべき典型であるように思われる。この点についても、前出の「歴史まちづくり法」は、新しい流れをつくるものとして注目される。また、「歴史まちづくり法」は、国土交通省、農林水産省、文部科学省が共管する形になっており、文化庁を含めた各省庁に今以上の連携を望む上でも期待がもたれるところである。

⒅公共機関による保存・国有文化財の課題

都市の歴史的建築物や美しい町の保存継承を行っていく上で、これからの主役は、企業をはじめとする民間でなければならない。そして、民間が保存や継承に取り組みやすくなるよう、法制度をはじめ、様々な仕組みを整えていくことが、これからの行政の役割で、なかでもとくに、文化財保護と都市計画との間の調整を図っていくことが必要である。以上のようなことをこれまで述べてきたつもりである。これが進めば、寺社建築が中心となってつくられていた文化財保護に対する一般の人々のイメージも大きく変わっていくに違いない。

それでは、行政の役割はそれだけだろうか。行政が所管している建物が多いことを考えると、その他に、自ら所管する歴史的建築物を残していく努力も行政には求められるはずである。つまり、国や地方公共団体は、所有している歴史的建築物を壊さずに、積極的に再利用していく必要がある。ところが、文化財保護法では、地方公共団体が歴史的建築物の保存に取り組む場合には良いが、国の行政機関がそれに取り組む場合には、それがやりやすい仕組みにはなっていない。最後に、文化財保護法の失敗として、このことについても触れておきたい。

文化財保護法には、国有財産であるものが文化財に指定された場合には、文部科学大臣がそれを管理することが規定されている。この規定は、国有財産法で通常の機能がないものを国が財産として保持できないことを定めているので、機能がなくなった国有財産を文部科学大臣が所管する文化財として残すことができるという、国有財産法上の特例を定めたものである。つまり、この規定が決められた当時は、文化財になるような国有財産は、機能がなくなるようなものしか想定されていなかったのである。例えば、城郭の建物などがこれに該当し、姫路城や江戸城の建物は、機能のない文化財である国有財産ということになる。

ところが、建物には本来の建物としての機能がある。近代建築のようなものは、庁舎や学校として現役の建物で利用されている。したがって、行政の様々な機関にとっては、自らの財産として利用している建物が、文部科学大臣の管理になってしまうことは、迷惑な話であるし、その必要は全くない。実際に、法務省の赤レンガの旧本館は、平成六（一九九四）年に重要文化財に指定されているが、法務省の所管であり、文部科学大臣の所管にはなっていない。つまり、現実と文化財保護法の条文には矛盾が生じているのである。

この法律の問題に加え、前項でも記した各省庁の縄張り争いの影響もあって、国有財産である建造物や、国の各省庁が所管する建造物で、文化財になっているものは意外に少ない。近年、登録文化財制度の導入により、その数は増えつつあるが、それでもその数はごくわずかである。都市の歴史的建築物ではないが、例えば、京都にある京都御所や桂離宮が、文化財の指定登録を何も受けていないと聞くと、驚かれる方も多いはずだ。近代建築でいえば、国会議事堂や迎賓館も文化財ではないのだ。これは、先述の通り、国の文化財保護が、所有者等の同意を前提に進められているためで、文化庁が所管する国の機関の同意を得られないために、文化財にすることができないのである。

現在、国は不動産関係の国有財産を極力減らす方向にあるので、国の機関による歴史的建築物の保存が大きな役割を果たすとは思えない。とはいえ、国の行政機関で近代建築を所管しているところは、文部科学省以外にも多数存在する。したがって、それらの各機関が、歴史的建築物を保存し利用し続けやすい仕組みを、文化財保護法の改正もしくは別の法を制定する形で整えるべ

法務省の旧本館

国会議事堂

きではないかと思われる。近年、文化庁と国土交通省の官庁営繕部が協力して、「公共建築物の保存・活用ガイドライン」を作成するなど、国をはじめとする公共機関が、歴史的建築物を保存し活用することに対して、それを促す取り組みが始まっている。けれども、ガイドラインを策定し示しただけでは不十分で、国の機関がより積極的に歴史的建築物の保存や活用に取り組むことを可能にする根拠となるような法律や仕組みをつくるべきであろう。

その点で参考になるのは、アメリカの国家歴史保護法（National Historic Preservation Act）である。そこでは、様々な国の行政の機関が連携して歴史保護に取り組んでいくことが明文化されている。それに加え、国の施策によって国が登録した歴史的建築物に影響を及ぼすような場合には公聴会を開くこと等が規定されている。この結果、アメリカでは、使われなくなった駅舎建築の再利用が特別に進められるなど、各省庁が主導する公共施設の保存活用プロジェクトが実現している。また、商業の落ち込みがはげしい中心市街地において、歴史的建築物を行政機関が公共施設として利用することを奨励するような法律もつくられている。

日本では、様々な理由によって、行政が自ら歴史的建築物を壊してしまうことが、しばしば発生している。アメリカの国家歴史保護法の例をひくまでもなく、今後は、日本でも行政が自ら歴史的建築物を壊してしまうことをやめ、その保存と継承に自ら取り組み、人々に範を示す必要がある。文化財保護に関わる法や条例を制定している国や地方公共団体が、自ら文化財を壊しているようでは、それを民間にやれといっても、どだい無理な話と言われてしまうのではないだろうか。その意味では、文部科学省の建物が地区の再開発のなかで保存され、登録文化財に登録されたことは、一応の合格点といったところだろうか。

コラム④　都市の記憶再生装置

都心のビルの建て替えが進んでいる。無意識のうちに目印として記憶されていた曲がり角のビルが解体されてなくなっていたりすると、一瞬記憶喪失に陥ったような不思議な体験をお持ちの方は少なくないはずだ。存在感があるとないとにかかわらず、建物がなくなるということは、私たちの心に刻まれた都市の記憶がひとつ消えるということなのである。

土地勘としての記憶なら、新しい建物で置き換えることができるかもしれないが、もしもその建物に自身の思い出が宿っていたならどうだろうか？　たとえば、人生の門出を祝福してくれた結婚式場。戦前戦後の工業立国を支えた財界人のご子息ご令嬢が挙式された日本工業倶楽部会館は、その多くの想いに支えられての保存と復元だったのではないだろうか。そして今も、あの美しい建物と美しいホールに新たな記憶が積み重ねられていく……。

建物に蓄積された数え切れない多くの人々の記憶……しかし、実際に思い出が宿るのは人々の心の中であり、建物はその記憶を再生させる装置なのかもしれない。心臓が飛び出るような鼓動を抑えながら臨んだピアノの発表会、市民ホールはそんな体験の記憶再生装置なのだろうし、多感な時代を過ごした学び舎の講堂も、安保闘争でジグザグ行進した権力の象徴としての国会議事堂も、人々の心の奥底にしまい込んだ記憶を蘇らせる都市の記憶再生装置だったのである。

もちろん、一枚の写真や一節のメロディも記憶を蘇らせる力はあるが、なんといっても、その再生装置が手の届くところにあるという事実、つまり本物が存在する意義がいかに尊いことなのか、そして、都市の記憶再生装置としての建築物は、そこに存在するという場所性がいかに重要であるかもお分かりいただけるはずだ。個人の思い出が幾重にも重なり合う尊さに加えて、社会の記憶、つまり歴史的、文化的、建築的など、多様な価値を宿す建築物として、日本のクラシックホールの存在意義に想いを巡らせてみよう。

〝人々が集う〟というテーマで、日本の近代化建築物を見ると、まず視野に入ってくるのは、市民のためのホールとしての公会堂や劇場、学び舎の講堂、そして議事堂などである。それらの建物に連なる膨大な思い出や記憶、そしてそれを再生させる役割を想像したとき、その建築物の存在意義や尊さを思い知らされる。つまり、たとえ建て替えの経済効果が高くても、比較の対象にできないほど尊いものではないか。これは、国民や市民という立場にたてば共通する想いであろう。

「公共建築物こそ、その価値を保存し継承させなければならない！」建築史家の鈴木博之東京大学大学院教授は、収益を目的とした不動産資産としての建築物と一線を画して取り組むべきであると訴え続けている。しかし、最近では国家や自治体の逼迫する財政の立て直しに、収益不動産の視点を持ち込まなければならない事態は避けて通ることができない。だからといって、人々の想いが一杯詰まった記憶再生装置の破壊と引き換えにするのは愚かだと認識すべきだ。なぜなら、その希少性と美しさ、そして我々の強い想いと知恵がそれを救ってくれるはずだからである。

［本田広昭］

Ⅳ　今後の課題——どうすればよいのか？

これまで、三つの課題に絞って、歴史的建築物や美しい町の保存継承をめぐる様々な問題を指摘してきた。そのなかで、欧米諸国の方法等を例にあげながら、いくつか具体的な提案も行ってきた。それらの提案は、ひとつひとつの課題にこたえるためには有効で、これから実行していくことが必要な事柄ではある。

けれども、地道にひとつひとつを実行していくだけでは、どれほど多くの時間がかかってしまうのかわからない。それでは、今まさに失われようとしている都市の歴史的建築物や美しい町を救う手立てとしては不十分である。仕組みが出来上がったとしても、救うべき対象がなくなってしまった後ではもう遅いからだ。実行するなら、即効性の高いものから実行していく必要がある。

そこで本章では、各章でとりあげた事項を解決していく上で、即効性が高いと思われるものを中心に、各種の対策を提案してみることにしたい。

1　国土の高度・効率的利用との調整

⑴容積率5％ルール

ここではまず、都市の高度・効率利用との調整への対策として、『都市の記憶Ⅲ　日本のクラシックホール』のなかで、小澤英明弁護士が示している提案（第3章「ダヴィッド同盟――イーグルホールをよみがえらせよう！」）を有効な策としてとりあげたい。小澤氏の提案の概略は以下の通りである。

『都市の記憶Ⅲ　日本のクラシックホール』鈴木博之＋増田彰久＋小澤英明＋吉田 茂＋オフィスビル総合研究所（白揚社　2007）

全国的に機械的に、通常認められている容積率に加えて、5％の割増容積率を市区町村が設定できるようにする。その割増分は、それを開発者が市区町村から購入した場合に限って認め、その購入資金の支払先を開発者が指定できるものとする。ただし、その支払先は、歴史的建築物の保存・活用を含めた様々なまちづくりについて活動を行っている一定のＮＰＯ（ＮＰＯは非営利団体 Non Profit Organization の略）に限定する。つまり、５％の容積率の購入代金は、まちづくり用の特定財源となり、ＮＰＯまたは市町村が使うことができる形になる。この特定財源を得たＮＰＯまたは市区町村によって、歴史的建築物の保存と活用が進むという形である。

この方法（以下「５％ルール」という）であれば、開発が進む都市部において、歴史的建築物のための一定の財源を確保することができる。また、ＮＰＯの手によって、まちづくり活動のなかで歴史的建築物が保存活用される機会も増えることになる。

制度的にも、容積率の割増という措置が、建物の高度化によって景観や生活環境を阻害するという性格を内包していることを考えると、割増によって得られる資金を、景観の保全を中心とするまちづくり用の特定財源とすることは、理にかなっている。したがって、５％ルールは、本書の第Ⅰ章で示した課題の多くに応えることができる提案といえる。

この５％の移転を行政が把握するのが、相当に困難であるという意見が行政関係者からあるかもしれないが、これについては、ＧＩＳ（地理情報システム）のような最新の情報ツールを使えば問題ない。そこで以下では、この５％ルールにいくつか補足すべき新たな提案を加えたい。

(2) 5%ルールへの提案

まず、5%ルールでは、NPOによる保存活用は進んでも、法人や個人による歴史的建築物の保存活用が進めにくい点に問題がある。そこで、5%の容積率を購入したい開発者が、歴史的建築物の所有者から、歴史的建築物が利用していない容積を直接取得できる仕組みを加えてみるのはどうだろうか。これが第一の提案である。

第Ⅰ章(4)で述べた通り、歴史的建築物の多くは、低層で非効率な建物なので、法律で認められた容積率を使いきっていない形である。このため、固定資産税の負担や高層化の開発圧力に悩まされているのである。余った容積を売却することができれば、所有者は固定資産税の負担を軽減できるだけでなく、その資金を保存活用のための費用にあてることができる。これは、制度的な考え方としては、東京駅舎の保存で認められた特例容積移転制度を、範囲や対象を拡大して行うという解釈になる。

次に、5%ルールを容積率だけでなく、建ぺい率にも適用することだ。この場合、建ぺい率の増加のみで、それにともなう容積率の上昇はともなわないものとする。建ぺい率の移転は、容積率ほどの直接の効果は少ないかもしれないが、それを増加することによって建物の設計に自由度が増すので、移転の際に条件を付すようなことをすれば、町並景観を整える効果を期待することも可能になる。また、都市部では敷地の形態や場所によって、容積率を使いきれないこともあるので、建ぺい率の増加によって容積を使いきることが可能になるという効果も期待できる。この建ぺい率についても、容積率と同様に、歴史的建築物の所有者が、購入したい開発者に、歴史的建築物が利用していない建ぺい率を直接売却できる仕組みを導入することが考えられる。これが第二の提案である。

さらに都市部には、数は多くないが、建ぺい率や容積率が、法律や条令で定められているそれを越えている既存不適格の建物がある。それらの建物についても、5%ルールのなかで、現状で越えている分の建ぺい率や容積率を取得できるようにして、適格建築物とすることが考えられる。この場合の建ぺい率や容積率の取得についても、まちづくり関係のＮＰＯや歴史的建築物の所有者等から、既存不適格建築物の所有者等が有償で取得できる形にすることが考えられる。これが第三の提案である。

第四の提案は、5%ルールにおいて、開発者が割増容積率・建ぺい率の取得のために市町村に支払う費用を市町村への寄付金として扱う税制優遇措置や、市町村がＮＰＯにまちづくりのために支払う費用（ＮＰＯの所得になる）に対して所得税を優遇する措置をとることである。これは、現在行われている寄付金に対する税制措置を、5%ルール及びそれに関わるＮＰＯに対しても認める形である。これに対して、第一・第二の提案のように、開発者と所有者等が容積率・建ぺい率を直接に売買するときには、所有者等の所得に対して課税を行うことにすれば、開発者が市区町村から購入したり、まちづくり関係のＮＰＯを特定して購入したりするインセンティブも生まれる。こうすれば、５％ルールと、第一・第二の提案が、両立しやすくなるのではないかと考えられる。

⑶新たな提案の課題

第一から第三までの提案については、歴史的建築物の所有者が、開発者から得た資金を、歴史的建築物の保存活用に使うことが確約されている必要がある。同時に、それが実行されるときに、その行為を誰が監視するのかという問題がある。

建物が国宝・重要文化財のように、行政から厳しい規制が課されているものであれば、行政が監視することになるので問題はない。けれども、この提案の対象となる建物は、登録文化財のような規制が緩やかな建物が理想である。つまり、民間が所有する歴史的建築物で、これまで大きな支援がなされていないものである。また、登録文化財のように規制の緩やかなものでなければ、「規制アレルギー」のある日本では、所有者等による積極的な利用を進めることが難しいからである。そこで、登録文化財のような建物について、どのように行為を確約し、その監視体制をとるのかということが問題になる。この常に裏腹の関係にある公的支援と規制の関係をどうすべきかについては、次項で私見を述べてみたい。

第四の提案、税制の問題については、歴史的建築物の保存・活用やまちづくり関係に限らず、福祉や環境などの様々な分野を含めて、現在ＮＰＯに対する税制優遇に関する議論が進められているなかで解決すべき課題といえる。すなわち、どのようなＮＰＯに対して、どの程度まで財産の取得や寄付に対する税制優遇を認めるのかといったことや、ＮＰＯに対する一般の寄付についてどのような形でどの程度まで税制優遇を認めるのかといった問題である。この問題について触れるのは、ＮＰＯ全体の問題に及ぶので、ひとまず避けておきたい。ここではむしろ、より深刻な問題として、ＮＰＯによる活動が盛んなアメリカやイギリスでは、歴史的建築物の保存・活用がＮＰＯの主な活動として認知されているのに対して、日本ではその認知度が非常に低いことを指摘しておきたい。そこで、歴史的建築物や美しい町の保存継承に必要とされるＮＰＯの役割や活動については、最後に詳述することにしたい。

⑷地役権の利用

小澤氏は、５％ルールを実行するにあたって、歴史的建築物の保存を確実なものとするため、まちづくり関係のＮＰＯが、歴史的建築物が使っていない容積を使わない義務を課す保存のための地役権を設定することを提案している。同時に、その地役権の設定のための資金に、５％ルールによる開発から得た資金をあてることも提案している。この場合に所有者等は、ＮＰＯが地役権を設定しているため、一定の容積以下に土地利用を抑えなければならないなど、土地利用上の制約を受けることになる。このような形にすれば、ＮＰＯによる保存の監視という仕組みが出来上がるので、前項の問題は解決でき、制度的には確かなものになる。

この方法の問題点は、ＮＰＯが間に入るため、歴史的建築物の保存活用を即時に進めるという点では、少し時間がかかることである。一方、法人や個人が私有財産の取得に公的支援を受けているという批判に対しては、ＮＰＯが関与することになるため、一定の公益性が確保でき、批判を回避できる有効な仕組みといえる。

実際に、アメリカの一部の州では、これと類似する制度が実行されている。登録文化財である建物の外観を保存するための地役権（Easement と呼ばれる）をＮＰＯが登記した場合、その権利に相当する額を建物の所有者等の所得税から軽減するという税制優遇を行っているのである。これは、アメリカにおいても登録文化財の規制が緩やかなため、公的支援の条件として、行政が直接規制に関わるのではなく、ＮＰＯの手を借りて保存の実効性を高めている形である。同時に、この措置は、ＮＰＯの関与によって、私有財産である建物の外観について、公共財であることを明確にしているものと解釈することもできる。

以上のように、まちづくり関係のＮＰＯが関与する場合には、地役権による解決が可能だが、開発者と所有者等が直接売買を行う場合はどうだろうか。この場合には、例えば、売買を地方公共団体の計画に基づいて実施される場合に限定し、地方公共団体に保存に対する確約と監視体制を任せることが考えられる。この方法については、計画を立ててくれるような熱心な地方公共団体にある建物だけに対象が限られてしまうという欠点がある。

もうひとつの方法としては、歴史的建築物の改修工事にかかる費用の所得税の減税といった仕組みを導入し、この減税とあわせて容積率・建ぺい率の売買を行う場合に限って認めるといった方法が考えられる。この場合には、税制優遇に関わる証明証の発行という形で、保存の確約と行政による監視体制を同時に担保することができる。この方法は、広範囲に適用できる点は良いが、所得税に関する税制優遇措置を同時に実現させなければならないという問題がある。アメリカ、ドイツ、フランスでは、歴史的建築物の改修工事にかかる一部の費用の所得税の減税措置が実際にとられており、日本でも住宅のローンに関わる所得控除に対する税制優遇で証明証の発行がなされているので、その実現はあながち不可能ではないものと考えられる。

さらに一歩踏み込むなら、歴史的建築物の所有者等が法人である場合には、5％ルールで得られる資金を、法人税に関わる租税特別措置法で認められている準備金として積み立てるという方法も考えられる。準備金は、船舶のように定期的な修繕が必要となるもの等に対して認められているもので、税法上、損金に算入でき、使う時に取り崩して益金になるという仕組みである。「歴史的建築物保存活用修復準備金」といった制度ができ、5％ルールによる資金に限らず様々な資金を積み立てられるようになれば、法人には魅力的なのではないだろうか。この制度は、筆者が行政にいたときに武田昌輔成蹊大学名誉教授から教示いただき実現できなかったものである。

⑸特定財源としての宝くじ

以上、開発が進む都市部において、高度・効率利用と歴史的建築物や美しい町の保存継承とを調整するために必要な特定財源を得るための制度として5％ルールについて検討した。

ところで、歴史的建築物の保存や活用に関わる特定財源として、全く異なる別の仕組みもある。それは、宝くじやギャンブルによる収益を歴史的建築物の保存や活用のための特定財源にあてる

イギリスの宝くじによる保存の
助成を示す表示

宝くじの助成で修復が行われた
ロンドンのコベント・ガーデン

という仕組みで、イギリスとアメリカの一部の州において導入されている。

イギリスの宝くじ（National Lottery Fund）の売り上げは、正確には、歴史的建築物の保存・活用だけでなく、芸術文化振興と文化財保護のための特定財源として使われている。支援される対象となる歴史的建築物を予め特定し、そのことを訴えて宝くじを売ることで、反対に、宝くじの売り上げに貢献できることもあるようだ。

日本の宝くじは、地域振興のための特定財源として使われることになっているが、文化財保護のためには使われていない。また、地域振興を目的とするという形であれば、建物の新築については使うことができるのに対し、歴史的建築物の保存・活用のための改修工事については、使うことが認められていない。既存の財産を保全するような行為に宝くじの収益をあてることが馴染まない、また、文化財の修復工事については国から補助金も出されているというのが、その理由のようである。

歴史的建築物の保存と活用のための改修工事は、地域振興の上で最も望まれている工事のひとつではないだろうか。これを一般の建物の維持管理と同等にみなすのは、何とも頭の固い話である。また、国から多額の補助金が出されているのは、国が指定した一部の建物に限定されている。こうしたことを考えれば、日本でも今後、文化財保護に宝くじの売り上げを使うことは十分に検討されてしかるべきであろう。例えば、日本の世界遺産の保護のために宝くじの売り上げを使うということを宣伝すれば、宝くじの売り上げは大きく伸びるのではなかろうか。都市部の歴史的建築物や美しい町の保存継承を考えるという本書の趣旨とは少し異なるが、関係各位の検討と再考をお願いしたいところである。

2 防災・安全への対策との調整

⑴安全管理に関わる技術者の配置

建物の災害・防災対策と歴史的建築物の保存との調整を行うためには、現在のように安全の確保について過度に行政に依存するような仕組みを見直し、所有者等による個別の評価や創意工夫を認める仕組みに変えていくことが必要であることは、第Ⅱ章で述べた通りである。この変化の前提条件として、所有者等が建物の安全に対して責任を負う意識をもつことが必要であることも、既に指摘した。

現実的には、所有者等は、建物内に常駐しているわけではないので、自らの責任に応じて、建物の管理体制をとることが必要になる。このため欧米諸国では、不特定多数が利用する建物については、規模や利用人数に応じて、建物の安全管理に携わる技術者が配置され、彼らが常駐する体制がとられている。そして、彼らの責任も非常に重くなっている。仮に事故が発生した場合、適正な安全管理が行われていなければ、彼らを雇用した者（通常は建物の所有者等）に賠償責任や罰則が課されるからである。欧米諸国では、安全管理に携わる技術者を配置することは、個別の評価や創意工夫を認める前提条件になっているだけでなく、安全に対するコンプライアンスを示す手立てにもなっているのである。それだけでなく、欧米諸国でこうした体制がとられているのは、所有者等は雇用者として建物内で働く労働者の安全を守る義務があるという、日本でいう労働安全衛生法による考え方も、大きな影響を与えている。

日本でも、同様の観点から、消防法で防火管理者が選任されていたり、建築基準法で建物の設備等に関わる定期検査報告制度などが導入されたりしている。ところが、日本の防火管理者も法的な責任は重いのだが、そのことはほとんど人々には認識されていない。また、日本では、それらは個別の法による個別の義務として実行されているといった意識が支配的で、所有者等の安全管理の意識や、それぞれの責任者の建物全体に対する安全管理の意識は希薄になっている。これに対して欧米諸国では、防火管理の業務と、定期検査の管理業務は、同じ安全管理の範疇に含まれるものとして、同一の技術者が責任をもって管理や検査に務めるという体制がとられているのである。

ここでは、今後日本においても、建物の災害・防災対策と歴史的建築物の保存を両立させていくために、欧米諸国のように、建物の安全管理に関わる技術者の地位を確立し、技術者の配置に応じて、個別の評価や創意工夫を認める仕組みをつくっていくことを提案したい。具体的には、建物の各所の利用状況に応じて、法令の適用を変え、この各所の利用状況に対する安全管理について、それに関わる技術者が責任をもつのである。このようにすれば、歴史的建築物に対して、大きな改修の手を加えずに、安全を確保し、法令に適合した形にしやすくなる。

現在の建築基準法や消防法では、不特定多数が利用する場合には、原則として建物の機能がひとつに定められ、その機能に応じた消防設備や耐震補強が求められる。これが、建物の場所に応じて異なる機能を定め、その機能に応じた設備や補強で良いことになれば、工事費用や手間は相当程度に省くことが可能になる。この仕組みの良い点は、所有者や工事主が、自らの責任で技術者を配置する代わりに、個別の評価や創意工夫によって、工事費の負担軽減や工期の短縮につなげることができる点である。つまり、所有者や工事主の自主的な努力が、経済的なインセンティブに直結するのである。これは民間による歴史的建築物の保存活用を進める上で有効なだけでなく、日本の行政や法令に依存する意識を変える上でも有効な手法と考えられる。

安全管理に関わる技術者の地位を確立するためには、技術者にそれだけの能力が求められる。このため、欧米諸国では、防火関連の安全管理に関わる技術者になるための高度な講習も行われている。日本でも、消防法の防火管理者となるためには一定の講習が義務付けられている。けれども実態をみると、欧米諸国の講習は、日本の講習と比較すると相当に高度で専門的なものとなっている。この講習の受講は国によって違いがあり、例えば、イギリスでは任意で、フランスでは法律で義務付けられている。

日本において技術者の地位を確立するためには、法令に依存する体質からすれば、フランスのように講習を義務付けた上で、その業務を法定の資格とすることの方が有効であろう。けれども、単に法に依存するだけでは、これまでと同じことを繰り返すだけである。技術者の地位を本当に確立するためには、管理が十分に行われていない建物については、技術者の資格を停止したり、建物の利用に改善勧告や命令を出したりするなど、所有者等や技術者に対する規制や罰則についても厳格に適用して、制度を実効力のあるものにしていく必要もあるだろう。

⑵公的保険制度の導入

所有者にとっては、安全管理にあたる技術者を置き、個別の評価や創意工夫が認められるだけでは、完全に安心できるとは言いきれない。その上でさらに、地震をはじめとする各種の災害時に受けるかもしれない被害に対して、特別な備えをしたいところである。この備えとなるものに、保険がある。所有者にすれば、歴史的建築物の被害を補償してくれる保険に加入しており、その保険が手厚ければ、相当に安心が得られるはずだ。

この保険は、地震を含む各種の災害に対する被害時に、所有者の損害を補償するだけでなく、建物の再調達を可能にする保険であることが望まれる。なぜなら、建物が再調達されないと、歴史的建築物や美しい町の風景が失われてしまうからである。

現在、日本にも歴史的建築物を対象とする保険がある。それは、国宝・重要文化財など国が指定するものが主な対象の保険で、災害で被害を受けた場合に、国庫補助で行われる復旧工事の費用のうち、所有者が負担することになる額を保険でまかなうといった仕組みである。これは、国から多額の補助金が出されることが前提で、国宝・重要文化財でないと成り立たない保険である。

多くの歴史的建築物に対する災害の被害を補償し、その再調達を行うような保険が成り立つためには、相当数の加入者数が必要であり、かつ、歴史的建築物の高い安全性が確保されている必要がある。そうでないと、支出だけが膨らみ、採算がとれないからである。近年の災害による歴史的建築物の被害状況をみると、この保険の成立をすぐに望むことは不可能である。このため、歴史的建築物を対象とする保険をつくるためには、現在の地震保険のように、国の支援がある公的な保険としてスタートすることがやむを得ないものと考えられる。

本書では、これまで民間による自主的な歴史的建築物の保存活用が行える仕組みを重視している。したがって、保険を公的な資金に頼ることにはいささか抵抗がある。けれども、各種の大規模な災害のたびに、多くの歴史的建築物が建て替えられ、美しい町の風景が失われていることや、歴史的建築物を復興する場合でも、多くの国庫補助金が使われていたり、地方公共団体による復興基金があてられていたりすることからすると、緊急の措置として公的な保険を立ち上げることもやむを得ないことではないかと考える。

この公的な保険の原資としては、寄付によって基金を募るような方法の他に、例えば、先にみた5%ルールの割増容積率の売却資金の一部をあてることも考えられよう。この保険は、美しい風景の喪失を阻止する性格をもっているので、5%ルールと関係付けることは制度の趣旨にあったものといえるだろう。

ところで、災害復旧にあたって、被害にあった住宅のような個人の私有財産に公的な支援を行うかどうかは、しばしば議論されるところである。筆者は、災害に対する安全法令を遵守していても被災する可能性が高いことからみて、私有財産であっても災害復旧に公的支援をすべきという意見にも十分な法的根拠があるように思う。けれども、被災したものに一律に支援をするということには、いささかの疑問がある。なぜなら、事前に所有者等が災害に対する備えを行っていたものと、それを怠っていたものが、同等に支援を受けることは、公平とはいえないからだ。

欧米諸国の歴史的建築物に対する再調達の保険において、所有者等のメンテナンスによって差が生じることは、第Ⅱ章で述べた通りである。欧米諸国の保険は、それに加え、災害に備えて設備を設置したり補強をしたりすることに対しても、保険の加入額が減額されるなど、有利に働く仕組みになっている。日本の火災保険や、地震保険についても、設備の設置や耐震補強を行うことが有利に働く仕組みが存在する。けれども、メンテナンスを重視する仕組みとはなっていない。

日本で災害復旧に対して公的な支援制度を導入するのであれば、所有者等によるメンテナンスの努力や、災害に対する各種の備えに対して、十分なインセンティブが働く仕組みとする必要があると筆者は考える。これがなければ、所有者等の自己責任の意識は高まらない。ここで提案した歴史的建築物に対する公的な保険についても同じことがいえるだろう。

このことは地方公共団体の取り組みに対してもあてはまる。予算上の理由で災害に対する備えを意図的に怠っていた地方公共団体は、災害にあったからといって、国から多くの支援を求めるのは、筋違いというものであろう。この点で、ドイツの州の都市計画制度には、興味深い仕組みがある。所有者等が行う建設工事を認可する際に、その工事に要する費用の一定割合を、防災用の費用とすることを、行政が所有者等に求めることができるのである。これにならって、日本の地方公共団体も、予算がいかに厳しくても、その一定割合を防災用の費用にあてるべきではないだろうか。

現在、災害対策基本法と大規模地震対策特別措置法に基づき、歴史的建築物や美しい町の風景を含む文化財全般について、文化庁は防災の業務計画を定めている。この内容は満足なものとは言えないが、公共による取り組みがようやく始められた点は評価できる。一方、地方公共団体においては、文化財の防災計画を立てているところは非常に少ない。今後は、地方公共団体でも、より具体的な計画の策定が望まれる。

(3)事故調査委員会の設置

歴史的建築物に対する災害時の被害への対応は、前項の公的な保険があれば、ひとまずそれでまかなえる。一方、それでもなお、所有者等にとって心配なことがある。それは、歴史的建築物の破損や事故によって、第三者への被害をもたらしてしまうことである。

民法では、建物のような土地工作物に瑕疵があり、そのために生じた事故で他人に損害を与えた場合、第一次的には建物の占有者（テナントなど）が損害賠償の責任を負う。そして、占有者がその損害の防止に注意をしたにもかかわらず、損害が発生した場合には、所有者がその損害賠償の責任を負うこととされている。このため、建物の占有者も所有者も、建物の瑕疵のために事故が生じてしまうことには、神経質にならざるをえないのだ。

こうした事態に備えるために、法令への遵守とコンプライアンスが求められるわけだが、歴史的建築物の場合には、個別の評価や創意工夫をした箇所について、破損が生じたり、事故が発生したりするリスクがある。この場合、法令を遵守していても、個別の破損・事故になるので、それが建物の設計や工事に関わった技術者のミスなのか、建物の管理に関わっていた技術者のミスなのか、それともそれ以外の不測の事態によるものなのか、といった原因の解明にも個別の判断が必要となる。

ところが個別の判断になると、原因の解明には長い時間と手間がかかる可能性が高く、所有者等にとっては、それも訴訟の長期化といった形で費用負担となり、リスクとなる可能性がある。このリスクは、地震による被害が発生する日本では、欧米諸国よりも高いことになる。このリスクが高いと、前項の公的保険そのものが成り立たなくなるおそれもある。

そこで提案したいのが、災害による歴史的建築物の破損や事故の原因を解明するための公的な事故調査委員会の設置である。事故調査委員会は、通常は、鉄道や航空機に関して設けられているもので、罪科を問うために事故原因を調査するのではなく、将来の事故を未然に防ぐべく事故原因を調査するために置かれた特別な組織である。歴史的建築物についても、この事故調査委員会を設置し、公的な機関が原因を解明する仕組みをつくるのである。これによって、法令を遵守している所有者等のリスクは相当程度回避できるはずだ。それだけでなく、事故原因を解明することによって、将来の歴史的建築物の改修工事に新たな対策を講じることが可能になる。また、その分析結果を、歴史的建築物だけでなく、多くの既存不適格建築物の長寿命化に役立てることもできるものと考えられる。

3　文化財保護の失敗を取り戻す

⑴行政の大転換

文化財保護の失敗を取り戻すためには、第Ⅲ章でも述べたが、まず、建造物、史跡、名勝といった複雑化した文化財保護の分類を、規制される所有者等の視点から見直すことである。また、国の行政において、景観と文化財保護の連携・一体化を図ることも必要である。そして、景観と文化財保護の連携を図るために、地方公共団体において文化財を教育委員会が所管する仕組みを見直し、景観重要建造物と登録文化財、景観地区と伝建地区の一体化を検討すべきである。

それに加えて、現在建設後五〇年の経過を条件としている登録文化財の登録基準を現代建築にまで広げること、並びに、伝建地区の概念を広げて近年の町並や文化的景観までを含む「景観風致保存地区」とすることも提案したい。こうすれば、景観法と文化財保護法の差がなくなることに加え、現代建築も含めて、これからのストックとなるべき建物を幅広く数多く残すべき建物として位置付けられるようになる。また、「登録文化財」については、文化財という名称のままだと、どうしても文化財保護法時代の限定的な「文化財」のイメージ（限定的に建物を指定していた国宝・重要文化財のイメージ）が残ってしまうかもしれないので、名称に「文化財」を使うのをやめて「登録保存建造物」のようにした方が良いかもしれない。さらに付け加えるなら、近年話題にされている「二〇〇年住宅」のような長寿命の建物も、この「景観風致保存地区」に優先的につくられるべきであると考える。いくら単体の建物の質を高めて寿命を延ばそうとしても、美しい町にある建物でなければ、長生きすることは難しいのではないかと思うからである。

ところで、都市部の歴史的建築物や美しい町の風景という存在に注目すると、国の行政において連携を図る必要があるのは、景観と文化財保護だけではない。さらに多くの行政と関係がある。

岐阜県多治見市の中心市街地

再生に成功している
アメリカ・ボストン市の中心市街地

例えば、歴史的建築物の保存活用は、落ち込んだ中心市街地の再生やシャッター通りとなってしまった商店街の再生と密接な関係がある。落ち込んだ中心市街地や古くからの商店街は、たいてい昔からの町並で、そこには歴史的建築物が比較的に多く残っている。そうしたところは、歴史的建築物を上手く活かすことで、町の美しい風景がよみがえる可能性を秘めているのである。

実際に、アメリカでは、歴史文化をキーワードに再生された中心市街地や商業地が多数ある。また、それらの再生は、スラム化した市街地に新たな住民を呼び戻したり、商業の活性化を生んで多くの集客を呼んだりする。時には、それが地域の商業振興や観光振興にも大いに貢献する。このため、歴史的建築物の保存は、行政の商工部局や観光部局とも密接な関わりをもっている。実際に、日本の政府が発行している観光白書にも、文化財保護がとりあげられている。また、国によっては、文化財保護に関する行政を、観光を担当する役所が所管しているところもある。

こうしたアメリカの状況は、もう一〇年以上も前から、国の省庁やその関係機関が実施した調査やそれらの機関が主催する会議の場において、しばしば紹介されている。筆者もその様子を体験している。そして各省庁とも、それに類した施策をとろうとしている。それでもなお、それが上手く実現しない原因のひとつは、各省庁がそれぞれの政策や事業のなかで、個別に予算を組み立てているからではないだろうか。

それら各省庁の様々な政策や事業が、文化財保護と積極的に連携して進められていることはほとんどない。数少ない例外は、国が指定した史跡の整備と周辺の公園整備が文化庁と国土交通省の協力で進められていることぐらいだ。とくに、中心市街地活性化に関連する法（中心市街地の活性化に関する法律・平成一〇年制定、及び中心市街地における市街地の整備改善及び商業等の活性化の一体的推進に関する法律・平成一八年制定）に、歴史的建築物や伝建地区のような町並の保存活用に関わる文化財保護の位置付けが全くなされていないことは、それを象徴している。

こうした状況を考えると、歴史文化をキーワードに都市再生や地域再生を所管する国の総合的な政策官庁が存在しても良いように思われる。

一方、民間を主役にしなければいけないこれからの時代に、国に巨大な官庁を新たにつくるのは、いかにも時代錯誤のような気もする。このため、国の行政の転換も必要だが、より転換が必要なのは、住民の窓口となる市区町村の行政であるように思われる。

その点では、欧米諸国で文化財保護が都市計画のなかで扱われているように、商工関係や観光関係も、地方公共団体で同一の部局が扱うことが考えられる。第Ⅲ章で紹介したブライトン・ホーブ市の都市計画（Local Plan）をみても、多くの政策が総合的に扱われていたはずだ。日本では、国の組織にならって地方公共団体の組織も、それぞれ別のセクションに細分化され業務が行われている。このため、市区町村の行政が、市民の側ではなく、国や県の側をみて仕事をするような形になってしまっている。

市区町村においては、文化財保護に限らず、他の省庁の業務についても、必要に応じて一元的に扱うべきであろう。その方が、住民のニーズに応えて、様々な調整を図ることができるはずである。そして、一元的に業務を束ねる部署は、都市計画の担当、というよりもむしろ、まちづくりの担当部局ということになるのではないだろうか。ここでは市区町村に、相当の人数からなるまちづくりの担当課を置くことを提案したい。

これに対して、そのような課を設けても、課のなかで担当が分かれるだけなので、これまでと何も変わらないという批判があるかもしれない。そのことに対しては、こう反論できる。ひとつの課に職員を集めることで、担当が分かれても情報交換を行う機会が増える。課が分かれていると、管理する上司が異なることもあって、人はなかなか情報交換をしないものなのである。なお、まちづくり担当課の増員分は、文化財や商工観光のように一元化される業務の担当課の職員数を減らせば済むので、大きな問題とはならないだろう。

第Ⅲ章でも述べたが、国と地方公共団体の関係は、国から県、県から市区町村へと広がって構成されるピラミッド状の構造で説明されることが多い。自治体の数でいえば確かにそうだが、専

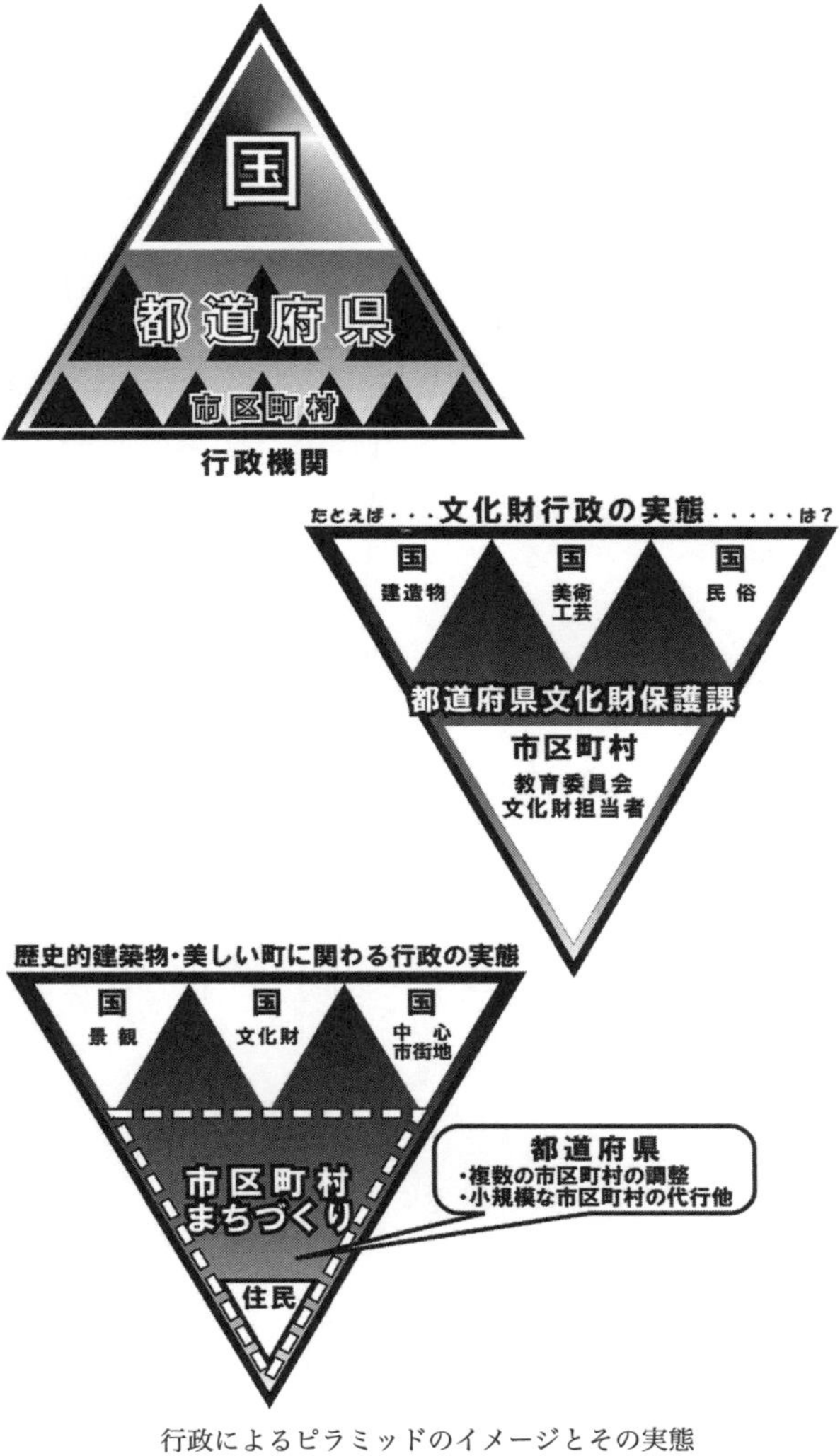

行政によるピラミッドのイメージとその実態

門業務に関わる職員の数や仕事の実態との関係でいえば、国と地方公共団体、とくに市区町村と地域住民との関係は、全く反対のピラミッドの形になる。ここで行った提案は、市区町村の組織のあり方をこの反対のピラミッドにあわせた形ということになる。この場合、都道府県の位置付けが問題になる。都道府県の役割は、複数の市区町村に関わる事項を管掌すること、ならびに、規模の小さな市町村では専門職員を配置することにどうしても限界があるので、その場合に専門的な業務を代行するといったことが考えられる。ドイツの文化財保護では、小規模な市町村には専門職員がおらず、郡の専門職員が市町村と協力してその業務にあたっているが、この場合の郡の役割を都道府県が行うことが考えられる。こうした国と地方の関係は、地方自治を専門とする方からはいろいろな反論があるかもしれないが、文化財保護行政に関わった筆者の経験からいえば、これが望まれる行政の体制である。本章2で述べた防災計画を地方公共団体においてつくる場合を考えても、こうした組織のあり方が現実的ではないかと思われる。

(2) NPOの役割

行政の体制が変わるだけでは、民間による歴史的建築物の保存活用は進まない。そこで、民間による保存活用をさらに進めるために、その手助けとなるものとして注目されるのが、行政と民

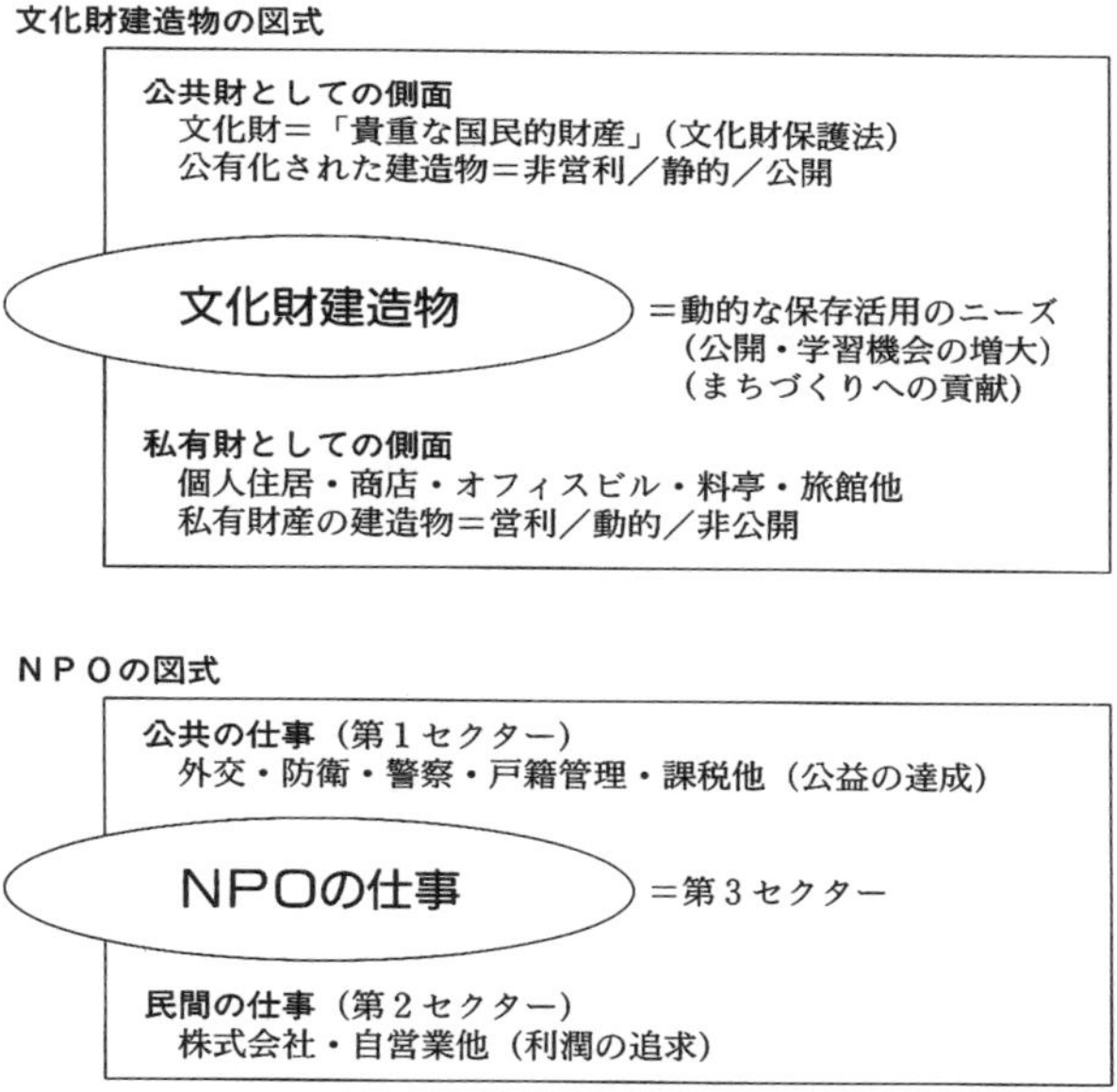
文化財建造物の図式
公共財としての側面
文化財＝「貴重な国民的財産」（文化財保護法）
公有化された建造物＝非営利／静的／公開
文化財建造物
＝動的な保存活用のニーズ
（公開・学習機会の増大）
（まちづくりへの貢献）
私有財としての側面
個人住居・商店・オフィスビル・料亭・旅館他
私有財産の建造物＝営利／動的／非公開
ＮＰＯの図式
公共の仕事（第１セクター）
外交・防衛・警察・戸籍管理・課税他（公益の達成）
NPOの仕事
＝第３セクター
民間の仕事（第２セクター）
株式会社・自営業他（利潤の追求）

文化財建造物とNPOの位置付け

間の間を取り持つＮＰＯの役割である。ここでは、歴史的建築物の保存活用に望まれるＮＰＯの活動を展望しておきたい。

概念から整理してみると、ＮＰＯは、公共の業務と民間の業務の間の業務を担う公益的な組織とされている。このＮＰＯの立場は、民間が所有する私有財産の建物でありながら文化財という公共財にあたる歴史的建築物の位置付けと類似している。このため、私有財産である文化財の建物の保存活用は、ＮＰＯが関わる上で最もふさわしい存在といえるのである。

また、文化財の保存活用については、規制にしても支援措置にしても、行政と所有者等の間のやりとりで物事が決まってしまうことが多い。こうなると、一般の市民は、文化財の保存活用にどのように興味をもっていても、時にそれを見学したり眺めたりするだけの、第三者的な縁遠い存在になってしまう。ところが、ＮＰＯが文化財の保存活用に介在すると、一般の人々もＮＰＯの活動に参加することによって、自ら文化財の保存活用の担い手になれることになる。本当の意味で、多くの人々が保護する文化財という体制ができるのである。この点にも、文化財の保存活用にＮＰＯが関わる意義がある。

実際に、ＮＰＯが介在することで、私有財産である文化財の建物の保存活用に対する公的支援が、私有財産の取得にあたるという批判をかわすことができることは、本章でも既に述べた通りである。それに加え、歴史的建築物の保存活用に対して、ＮＰＯの役割が期待される分野は他にもある。アメリカとイギリスは、歴史的建築物の保存活用に関わるＮＰＯの活動が盛んなところとして知られている。そのなかには、参考となる事例が多い。

歴史的建築物の保存活用に関わるＮＰＯの成功例として、昔からよくとりあげられるものに、イギリスのザ・ナショナルトラストの活動がある。ザ・ナショナルトラストでは、多数の歴史的建築物や庭園等の寄贈を受けてそれらを所有し、保存活用を図っている。この運営に大きな役割を果たしているのが、一般会員からの会費収入、寄付金による収入、ボランティアスタッフの協力である。

日本でもイギリスのザ・ナショナルトラストの活動を目指すＮＰＯがいくつか設立されているが、建物の維持保全にかかる費用負担も大きいことによって、多数の建物を所有し保存活用するところまでは至っていないのが実情である。イギリスのザ・ナショナルトラストは、一九〇七年に制定されたナショナルトラスト法（National Trust Act）という単独の法律に基づく特殊な法人組織であり、一般的なＮＰＯとは性格が異なっている。日本でザ・ナショナルトラストに匹敵するような活動が育たないことを嘆く声はよく聴かれるが、活動の裏付けとなる法律の存在の有無が、その主な理由のひとつであることは意外に知られていない。とはいえ、仮に５％ルールが実現すれば、まちづくり関係のＮＰＯに資金的なゆとりができるので、ザ・ナショナルトラストのように歴史的建築物を自ら取得し保存活用するＮＰＯが増えるのではないかと期待される。

一方、イギリスやアメリカのＮＰＯ活動において、歴史的建築物の保存活用に対して、現在大きな力を発揮しているのは、まちづくりに関係するＮＰＯである。そうしたＮＰＯのなかには、ザ・ナショナルトラストのように自ら歴史的建築物を所有して保存活用するのではなく、歴史的建築物を取得した後、改修して民間に不動産として売却したり賃貸したりして、まちづくりに貢献しているところが多い。これらのＮＰＯでは、取得・改修時にいったん費用をかけるが、売却や賃貸によってその支出を回収し、さらにそれによって得た収益を次のＮＰＯの活動資金として使う形をとっている。こうした資金は、回転資金（Revolving Fund）と呼ばれる。つまり、歴史的建築物に不動産として積極的に投資し、歴史的建築物の保存活用と同時に町の活性化に貢献しているＮＰＯということになる。

回転資金による活動は、民間の不動産業と類似する事業で、ＮＰＯの立場を生かして、民間よりも有利に事業を進めていることになる。５％ルールの導入によって、日本でもまちづくり関係のＮＰＯに資金面でのゆとりができれば、回転資金を運営するまちづくり関係のＮＰＯも登場してくるのではないかと期待される。

日本では、地方公共団体に、土地供給公社、住宅供給公社といった公社が置かれていることが多い。これらの公社は、近年、その役割を終えたものとして、廃止される傾向にある。こうした公社に代わって、歴史的建築物の保存活用を代表的な業務としてまちづくりにかかわる公社のような役割を、これからは回転資金を持つＮＰＯが果たすべきではないかと思われる。地方公共団体が、公社に代わるものとして、そうしたＮＰＯを公的に支援するということも十分に考えられるだろう。景観法に定められている「景観整備機構」に関わる制度は、ＮＰＯが公的な「景観整備機構」となり、ここで示した活動を実際に行う団体となることを可能とする仕組みとなっている。その実例は、まだ京都の町家再生に関わるものだけのようであるが、今後の進展が期待される。

歴史的建築物の保存活用に関わるＮＰＯの活動については、その活性化を促すため、文化庁が「ＮＰＯによる文化財建造物活用モデル事業」を平成一八年度から開始している。こうした事業を通して、ここに掲げた活動以外にも、ＮＰＯが歴史的建築物の保存活用に関わるべき活動が様々あり、その意義や必要性が高いことの認識が広まることを期待したい。

コラム⑤　特例容積率適用地区について

現行の特例容積率適用地区の制度は、歴史的建築物の保存の切り札になるのか、というテーマについて考えてみたい。先に結論を言うと、答えは否である。隣接地にしか容積移転できない他の制度に比べて、遠くに容積を飛ばせるこの制度は魅力的に見える。しかし、実際に指定された地区は、東京駅を含む、大手町・丸の内・有楽町地区約一一六・七ヘクタール（以下、「東京駅周辺地区」という）しかない。なぜなのか。

この制度は当初「特例容積率適用区域制度」として平成一二年の都市計画法、建築基準法の改正で導入された。その時点では、東京駅周辺地区が対象区域として念頭に置かれていた。その後、平成一六年の改正で、現在の「特例容積率適用地区」制度と呼称が変更されるとともに、それまでは対象の用途地域が商業地域に限られていたところ、他の用途地域にも広げられた（ただし、今なお、第一種、第二種低層住居専用地域や工業専用地域の用途地域では認められていない）。

このような要件緩和で、この制度が広く使われる可能性が生まれたように見えるが、実際はそうではない。なぜか。それは、この制度を規定している都市計画法で、特例容積率とは、「適正な配置及び規模の公共施設を備える土地の区域内において、建築基準法第五二条第一項から第九項までの規定による建築物の容積率の限度から見て未利用となっている建築物の容積の活用を促進して土地の高度利用をはかるために定める地区」と定義されているところに原因がある。これは、そもそもよく意味のとれない定義規定である。これは全体として何を言っているのだろうか。

法律の条文ではないが、国土交通省が定めた都市計画運用指針を読むと少し意味がわかるようになる。そこには、「特例容積率適用地区は、都市計画においては位置及び区域等のみを定めるにとどめ、具体的な容積移転については、土地所有者等の申請に基づく特定行政庁の指定に委ねることで、土地所有者等の発意と合意を尊重する形で、区域内の容積の移転を簡易かつ迅速に行う点に特徴がある。このため、特例容積率適用地区の区域を定めるに当たっては、区域内における様々な容積移転のケースを想定して、公共施設の整備水準を勘案した上で、明らかに支障が生じると予想される区域を含まないよう、適切な範囲を指定すべきである。」とある。これを読むと、特例容積率適用地区とは、指定容積率を限度いっぱい使わせたい地区に定めようとしていたことがわかる。なぜなら、「区域内における様々な容積移転」とあるからである。しかし、指定容積率を限度いっぱいに使わせるため、もし、容積移転を区域内で原則自由に認めるとするならば、自由に認めても弊害が少ない区域を特例容積率適用地区に指定するしかない。しかし、そのような地区は果たしてあるのだろうか。容積移転を原則自由に認めてしまうと、そもそも各土地における指定容積率とはいったい何なのかということになる。指定容積率は、となりあった土地利用の調整の役割を果たしているのに、容積移転を原則自由に認めると、この調整機能がはたらかない。

そもそも特例容積率適用地区はいったい何のための制度なのだろうか。この制度の制定時には、前述のとおり東京駅周辺地区をさらに高度利用したいという動機があった。そのために東京駅の未使用容積を利用することが予定されていた。東京駅は歴史的建築物として残すのであるから、東京駅の未利用容積を利用したい容積移転に反対の人は少なかったのである。このように、当初から、この制度は歴史的建築物の保存に利用されることも予定されていた。しかし、それは主たる目的ではなかったのである。ところが、平成一六年改正時の国会の議論を見ると、その時点では、この制度を高度利用のためだけでなく、歴史的建築物保存、さらには防災空地の確保、緑地の確保のためにも使われるようにしたいということが意識されている。これらの目的追加が前記の用途地域の増大の理由と説明されているのである。これらの目的の追加自体不合理なことではないだろう。しかし、法律の条文にこのような目的をかかげた規定は一切ないし、この目的を実現しやすくするための制度上の工夫も何もなされていない。

歴史的建造物を残したい土地は東京二三区に限っても数限りなく存在する。しかし、それらは、点として存在する。例えば、台東区や文京区を考えてみればよい。このような区は、歴史的建造物保存のために容積移転を実現させるという目的からすると、区全体を特例容積率適用地区にしてもらいたいくらいである。しかし、歴史的建造物の所有者に建物保存を強いて、その代わりその犠牲に応じた対価を与えるために、他の土地への容積移転を認めるには、その飛ばされた容積の移転先で、そのような容積の受け入れを行っても問題がないかを、その受け入れ先の地域の土地利用から地方自治体が責任をもって判断することが不可欠である。容積移転については、これを当事者同士で合意すれば足りるという理解ではおよそ不十分である。したがって、容積移転は地方自治体が責任を持って深く関わるしかない。そのように思い定めて、現行制度をつくりかえない限り、歴史的建造物保存にこの制度は全く使えない。

この制度は、例えば、歴史的建築物保存、防災空地の確保、緑地の確保のためにのみ利用を認めるものといった限定を付し、その目的に応じた制度のつくり方をしないと、東京駅周辺地区のような極めて特殊な地区のほかは、今後も活用されず、平成一六年改正の目的は決して達成できないだろう。

［小澤英明］

おわりに

文化庁という行政の場から、大学の教員となったばかりの頃、本書と似た企画で文庫本の出版をもくろんで、ある出版社の編集者にかけあったことがある。そのとき、編集者の返事は、何ともつれないものだった。

「日本では、保存する必要はないのではありませんか。歴史的建築物や美しい町並はヨーロッパに行ってみせてもらえばいいいんですよ。」

役所で長い間保存の行政に取り組んでいたので、さすがにこの言葉にはまいった。けれどもよく考えてみると、当時はそれが日本の一般的な保存への理解だったかもしれない。

それから約十年の時が経って、景観法が制定されるなど、少しずつではあるが、都市の歴史的建築物や美しい町の風景の保存継承への理解が深まってきているように感じられる。

それでもなお、歴史的建築物を残すことは、経済原則に反したノスタルジーに過ぎないと思っている人もいる。こうした人に限って、経済原則がいかなる制度や仕組みによるのか、意外に知らない。一方、心情だけで歴史的建築物を残せという人も多いのだが、こうした人々は残すことがいかに困難かを知らない。

このままではいけない。少しでも保存をめぐる現状への理解を深めてもらいたいというのが、本書のスタートになった。とはいえ、書き始めてみてもなお、なぜ歴史的建築物や美しい町の風景を残さなければならないのか、という問いに対する正解は得られないままだ。

人々の理解を別にすれば、私が建物を残したい理由は単純である。ずばり「勿体ない」からである。根がけちなこともあって、まだまだ使えそうなものや二度と造ることができそうもないものを捨ててしまうのは、何ともしのびないのである。

その意味では、最近流行の環境問題はちょっと気になる。建築の専門家は、建物で使われる消費エネルギーを減らすことや屋上と壁面を緑化することばかりに熱心である。実際には、建物を造ったり壊したりするときに、莫大なエネルギーを消費している。環境というなら、建物を壊さずに使い続けることが、もう少し推奨されても良いような気がする。本文中にも少し触れたが、歴史的建築物の保存論者は、この点を今後強調していくべきかもしれない。

勿体ないのは、建設後相当に年数を経た建物だけに限らない。ごく新しい建物も、町並の景観を考えるなら大事だ。日本では、どうも歴史を現代と無関係の遠い過去とみる傾向がある。歴史を専門に研究する者ほど、現代の問題に正面から取り組んでいないような気がする。けれども、歴史は今日までの時間の積み重ねであり、その重なりが町の表情をつくるのだ。これからつくるものを含め、どうやったら美しい町の風景を取り戻すことができるのか、歴史に関わる者こそ日本では真剣に考える必要があるのではないだろうか。

町の風景は町の履歴書なのだ。履歴書を一から書き直すような建物をつくることは、もうやめにしよう。

「歴史的建造物保存の財源確保に関する提言プロジェクト」について

本書の出版経緯について、お話をしたいと思う。二〇〇五年九月「歴史的建造物保存の財源確保に関する提言」プロジェクトの研究活動をスタートさせた私の問題意識は次のようなものだった。

都市部の事業用途の歴史的建造物（神社仏閣や住居、構築物、公共建築物などを除く）は、いかに歴史的、文化的、建築的に価値があるといえども、土地の高度利用（床面積の確保等）という経済原則からの圧力にさらされて社会に存在している。そこで所有者が建て替えたほうが合理的だと判断すれば、現行の法律に違反しない限りその計画を止める手立てはない。都市部における歴史的建造物を保存し継承するためには、経済合理性に目をそらすことなく、むしろこれを前提とした日本独自の仕組みが必要なのではないか……と。美しい写真を載せて都市部の歴史的建造物の保存を訴えた「都市の記憶」シリーズ三部作出版の背景と同様である。

歴史的建造物を守るには次の三つの課題を解決しなければならない。

(a)地震国における建物の安全性確保（免震対策など）問題
(b)老朽化した建物の活用継続に伴う維持費の問題
(c)敷地に与えられた容積（高度利用）を実現できない不利益問題

いずれも財源が必要なものである。これを国や地方公共団体の財政出動に頼らずに何とかできないものか。

そこで「都市の記憶」シリーズでも、法律家の視点から保存にまつわる提案を寄稿していただいていた弁護士の小澤英明氏と、経済的価値評価の専門家である日本不動産研究所の山本忠氏に相談を持ちかけたのが、本プロジェクトの始まりである。また、歴史的建造物の専門家として元文化庁の建造物調査官だった工学院大学教授の後藤治氏と、近代建築の保存修復設計を専門とする建築家の田原幸夫氏にも声をかけさせていただいた。

その後このメンバーでさまざまに議論を重ねたが、この研究を進めるにつれて、単に財源確保だけでなく、歴史的建造物を取りまくさまざまな制度上の問題を俯瞰した検討が必要であることを再認識するに至った。また、かかる研究を行った文献が乏しいことを実感した。そこで、この問題について内外の諸制度に通暁されている後藤治氏に、本の出版を前提にこの課題に取り組んでいただくことを私からお願いした。このようにして生まれたのが本書である。したがって、本書のほとんどすべては後藤治氏の筆によるものだが、本書の中で言及されている割増容積の購入代金を活用した歴史的建築物保存の不利益を埋めあわせる制度の提案等、私ども他のメンバーのアイデアや視点もこの本の中で随所に活かされていると思う。

本書は、できるだけ多くの方々に気軽に手にとって欲しいという想いから「新書」サイズとした。そしてその効果として「美しいヨーロッパの都市と比較して、眉をひそめて〝日本はヒドイ〟と納得し合う虚しい会話」ではなく、本書にちりばめられたアイデアや視点をヒントに、どうしたら良くなるのだろうかと考える人たちが少しでも増えることに期待したい。

保存の制度創設や改革に関わっていただくべき方々へのメッセージとして、「その美しさゆえに愛され続けてきた日本の近代化遺産に残された時間は少ない」ことも付け加えておきたい。

株式会社オフィスビル総合研究所　代表取締役　　本田広昭

都《と》市《し》の記《き》憶《おく》を失《うしな》う前《まえ》に

二〇〇八年四月二十日　第一版第一刷発行
二〇一四年五月三十日　第一版第二刷発行

著　者　後藤《ごとう》　治《おさむ》＋オフィスビル総《そう》合《ごう》研《けん》究《きゅう》所《じょ》「歴《れき》史《し》的《てき》建《けん》造《ぞう》物《ぶつ》保《ほ》存《ぞん》の財《ざい》源《げん》確《かく》保《ほ》に関《かん》する提《てい》言《げん》」プロジェクト

発行者　中村　浩

発行所　株式会社　白揚社
東京都千代田区神田駿河台一―七　郵便番号一〇一―〇〇六二
電話(03)五二八一―九七七二　振替〇〇一三〇―一―二五四〇〇

装　幀　岩崎寿文

印刷・製本　シナノ印刷　株式会社

ISBN978-4-8269-2101-5